MAMÁ, no estás sola... JESÚS está contigo

JILL SAVAGE

EDITORIAL
PORTAVOZ

La misión de *Editorial Portavoz* consiste en proporcionar productos de calidad —con integridad y excelencia—, desde una perspectiva bíblica y confiable, que animen a las personas a conocer y servir a Jesucristo.

Título del original: *Real Moms... Real Jesús,* © 2009 por Jill Savage y publicado por Moody Publishers, 820 N. LaSalle Boulevard, Chicago, IL 60610. Traducido con permiso.

Traducción: Loida Viegas
Diseño de portada: Dogo Creativo

Las cursivas añadidas en los versículos bíblicos son énfasis de la autora.

EDITORIAL PORTAVOZ
2450 Oak Industrial Drive NE
Grand Rapids, MI 49505 USA
Visítenos en: www.portavoz.com

ISBN 978-0-8254-5735-7 (rústica)
ISBN 978-0-8254-6626-7 (Kindle)
ISBN 978-0-8254-8781-1 (epub)

1 2 3 4 5 edición / año 26 25 24 23 22 21 20 19 18 17

Impreso en los Estados Unidos de América
Printed in the United States of America

"Inspirándose en la vida de Cristo y mediante ejemplos de su propia vida, Jill comparte un entendimiento profundo y práctico para las madres. Les recuerda a las mujeres que, tanto en las rutinas diarias como en las crisis de la vida, tenemos a un Amigo de verdad que ha caminado en nuestros zapatos y que nos capacita por su gracia a seguir sus pasos".

—Nancy Leigh DeMoss, escritora, presentadora del programa de radio *Aviva Nuestros Corazones*

"Al leer las páginas de este maravilloso libro, una palabra llegaba hasta mí una y otra vez: completo. Jill Savage ha escrito un libro con fundamento espiritual, totalmente aplicable para la madre que se encuentra justo ahora en las trincheras de la maternidad. Jill da un paso al frente y se presenta como una amiga sincera, y te sostiene la mano mientras te abres camino por tus días. Conforme vayas leyendo, descubrirás que tu alma recibe aliento y tu fe se fortalece. Compra el libro y saca tiempo para leerlo... ¡será lo mejor para ti!".

—Susie Larson, escritora, oradora y locutora de radio

"Incluso en mis días más disparatados como madre, he sabido que Jesús me ama, me sostiene y me perdona. Pero ni una sola vez me di cuenta de que Él 'me entendía', que comprendía lo que era un día en el que me sentía etiquetada, requerida y llevando niños colgados de mí. Por eso, fue algo nuevo para mí leer cómo Jill muestra que Jesús entiende de verdad lo dura que puede ser nuestra vida. Y como en todo lo demás respecto a Jesús, ¡fueron Buenas Nuevas! Toda madre necesita leer este libro. Descubrir que Jesús es de verdad un 'Amigo que entiende' cambió mi perspectiva sobre la maternidad y amplió mi amistad con Él. ¡Qué libro tan maravilloso!

—Caryn Dahlstrand Rivadeneira, madre de tres hijos, columnista de *Today's Christian Woman* y autora de *Mama's Got a Fake I.D.*

"Reí. Lloré. Me sentí agradecida por una madre como Jill, quien se tomó el tiempo de alentar a otras madres para que encontraran en Jesús a un 'Amigo que entiende'. ¡Fue un verdadero placer leer cada capítulo! Sumérgete en las páginas de este libro y revive una amistad de la que puedes disfrutar durante días, semanas, meses o años... o tal vez establecer una totalmente nueva".

—Kendra Smiley, oradora y autora de *Por el bien de tus hijos... ama a tu cónyuge* y *Ser padres*

"¡Jill Savage ha desvelado el secreto de la cordura para las madres de todo el mundo! Estoy de acuerdo con Jill respecto a que Jesús es la única relación vital que hace que todas las demás relaciones funcionen bien. Cada madre encontrará ayuda y esperanza sólidas en las páginas de Mamá, no estás sola... Jesús está contigo. *Si cada madre tuviera este libro, ¡habría muchas más madres, niños y maridos felices!*

—Pam Farrel, coautora del éxito de ventas *El lenguaje secreto de las parejas exitosas*

Son mis amigos cuando hacen las cosas
que yo les mando...
Los he llamado amigos, porque todo lo que a mi
Padre le oí decir se lo he dado
a conocer a ustedes.

Jesucristo

Dedico este libro a mis hijos
Anne, Evan, Erica, Kolya y Austin.
Que mi amistad con Dios dirija su camino
a la amistad con Dios
y que nunca olviden que tienen a
un Salvador que los entiende.

CONTENIDO

Agradecimientos

Un libro nunca es obra de una sola persona. Es el resultado de los esfuerzos combinados de docenas de ellas. Con esto en mente, mi agradecimiento especial a:

... mis compañeras de oración, quienes me levantaron fielmente a la presencia del Señor. Una gratitud especial a Becky por tu fabulosa comunicación con mi equipo de oración.

... los lectores de mi manuscrito, MarLo, Diane, Julie y Megan. Gracias por tomarse el tiempo de leer y transmitirme sus valiosas impresiones. Gracias, Diane, por ayudar con la investigación y por mantenerme tan organizada como fue posible. ¡Eres un regalo!

... mi equipo de Hearts at Home. Sin ustedes este libro no existiría. Gracias por su incansable esfuerzo por alentar, educar y preparar a las mujeres en la profesión de la maternidad.

... mi agente literaria Beth Jusino, de Alive Communications, y el equipo de Moody Publishers. Gracias a todos ustedes por creer en el mensaje de este libro. Ha sido un placer trabajar con ustedes.

... mi increíble familia. Gracias, niños, por estar dispuestos a tener unas cuantas noches más de lo habitual de pizza congelada. Chicos, ¡son ustedes los mejores hijos que una madre podría pedir!

... mi esposo Mark. Llevamos veinticinco años de aprendizaje, amando y liderando juntos. Te amo más que el día en que afirmé "Sí, quiero". ¡Gracias por tu amor, tu apoyo y tu disposición a relevarme en esos últimos días antes del plazo de entrega!

... a mi Salvador Jesucristo. Has transformado mi corazón y renovado mi vida. Gracias por tu gracia sin fin, tu perfecto amor y tu verdad que transforma vidas. Y, sobre todo, te doy gracias por ser un Amigo que me entiende.

No estás sola

¿Te has sentido sola alguna vez? Tal vez piensas que "nadie se ha sentido nunca antes así". ¿Has anhelado tener a un amigo comprensivo?

Toda madre ha experimentado estos sentimientos... y más. Se ha sentido aislada, sola, agotada y abrumada. Pero la verdad es que *no* estás sola. Conforme vayas hojeando este libro, conocerás a dos amigos que entienden cómo es tu vida.

La primera amiga con la que te encontrarás soy yo... una compañera en el viaje de la maternidad. ¡Un placer conocerte! Cinco hijos y más de treinta años de matrimonio me han proporcionado la oportunidad de cometer muchos errores, pero también de aprender más de lo que nunca imaginé sobre mí misma y sobre mi Dios. Desde 1994 me he dedicado a alentar a las madres a través del ministerio Hearts at Home (www.hearts-at-home.org), una organización diseñada para animar, educar y preparar a las mujeres en la profesión de la maternidad. El libro que tienes en las manos es un recurso de Hearts at Home, uno de los muchos que he creado solo para las madres como tú.

No obstante, dudo mucho que eligieras este libro para conocerme. Lo más probable es que te atrajera el otro Amigo al que vas a conocer conforme leas este libro: Jesucristo, Dios encarnado. Como descubriremos juntas, Jesús era plenamente Dios aun siendo por completo hombre. Nos centraremos en sus experiencias humanas a lo largo de estas páginas para explorar nuevas perspectivas sobre este Amigo que nos entiende de verdad.

Tal vez no te hayas detenido nunca a pensar en Jesús de este modo. Desde luego, yo no lo hice hasta hace varios años. Fue entonces cuando decidí leer los libros de la Biblia que son una biografía de la vida de Jesús: Mateo, Marcos, Lucas y Juan. A medida que fui leyendo, todos aquellos hechos cobraron vida para mí y empecé a verlo bajo una luz distinta. ¡Me siento muy entusiasmada de poder compartir contigo la nueva perspectiva que descubrí!

Si te sientes cómoda con la Biblia, únete a mí y contempla a Jesús de un modo nuevo y apasionante. Si no has sido nunca muy dada a leer las Escrituras, deja que este libro de fácil lectura te introduzca en el mundo de las verdades apasionantes de la Palabra de Dios.

Aunque no es imprescindible tener una Biblia para leer este libro, tal vez te gustaría tener una. Creo que te interesará leer algunas partes tú sola. Si no estás familiarizada con las distintas versiones disponibles de la Biblia, en estas páginas yo uso la *Reina-Valera 1960* (no pongo las siglas cuando cito de esta versión), la *Nueva Versión Internacional* (señalada con NVI) y la *Nueva Traducción Viviente* (indicada por NTV).

A la hora de elegir una versión para ti, intenta leer el mismo versículo en varias Biblias distintas y ver cuál te resulta más fácil de entender. En ocasiones también resulta útil una Biblia de estudio, porque proporciona notas e información general para ayudarte a entender lo que lees.

Este libro está diseñado para el uso individual y también en grupo. Si quieres utilizarlo como recurso de estudio para tu grupo de mamás, al final encontrarás una guía para líderes que será muy útil.

Este libro contiene dos elementos que, en mi opinión, te parecerán muy ventajosos. Antes de cada capítulo, encontrarás el apartado con el nombre "Perspectiva". Estos están diseñados para presentar una breve imagen de la vida de Jesús y de cómo se relaciona su experiencia con la tuya como madre. Estos apartados también pretenden que te familiarices con hablar con Dios y leer su Palabra. Si eliges leer los versículos bíblicos sugeridos en cada "Perspectiva", para cuando acabes este libro habrás leído todo el Evangelio de Mateo.

Los capítulos de este libro consideran el carácter de Cristo. La Biblia afirma que debemos ser más como Jesucristo conforme vayamos madurando en nuestra fe. Cada capítulo no solo analizará la experiencia de Jesús en esta tierra, sino también cómo vivió su vida, y esto nos llevará a descubrir un patrón para la nuestra.

¿Quieres saber que no estás sola? ¿Estás cansada de sentir que nadie te comprende? No sigas buscando. Con solo pasar a la siguiente página, *encontrarás* a un Amigo que te entiende.

¿Cómo puede Dios entenderme?

Me deslicé fuera de la cama de madrugada. Mi cuerpo de lechuza nocturna rara vez ve las cinco de la mañana, pero aquel día en particular me había despertado y no podía volver a conciliar el sueño. Me puse la bata y las zapatillas, y recorrí con cautela el pasillo de nuestra vieja granja de un centenar de años; iba pisando lo más cerca posible del rodapié, una técnica que he ido perfeccionando para minimizar los crujidos de nuestro viejo suelo de madera. Una madre desesperada hace cosas desesperadas para asegurarse de que sus hijos sigan durmiendo, aunque signifique andar por un pasillo como si estuviera haciendo equilibrio en dos cuerdas flojas.

Sentía que no podía estar en todo. Con un hijo en preescolar, uno en primaria y dos en secundaria, intentaba suplir las diversas necesidades de nuestros por entonces cuatro hijos, que se encontraban en etapas diferentes de la vida. Anhelaba la tranquilidad y ansiaba la soledad.

Cuando llegué al nivel principal de la casa, me preparé una taza de té, agarré mi Biblia y me acurruqué en mi mecedora favorita. Era mi tiempo con mi mejor Amigo… Jesús. Había tenido "aperitivos" de Él, pero anhelaba una comida… un tiempo de conversación ininterrumpido.

No había transcurrido ni dos minutos cuando oí al pijama de osito cruzar el comedor. Austin apareció en la puerta y preguntó, con su somnolienta voz de cuatro años: "Mamá, ¿me estabas esperando?".

Austin y yo tenemos una rutina matinal de pasar nuestros primeros minutos fuera de la cama acurrucados en la mecedora y hablando sobre nuestro día. ¡Y él estaba sencillamente seguro de que yo me había levantado tan temprano por esa razón!

Jesús entiende mi vida y mis frustraciones. A Él también lo interrumpían cuando realizaba sus actividades diarias.

Recuerdo una historia de la Biblia, cuando Jesús viajaba de Judea a Galilea. El recorrido le hizo cruzar un lugar llamado Samaria. "Jesús, fatigado del camino, se sentó junto al pozo. Era cerca del mediodía. Sus discípulos habían ido al pueblo a comprar comida. En eso llegó a sacar agua una mujer de Samaria". En ese momento, comenzó una conversación en la que Jesús habló la verdad en la vida de la samaritana. (Lee la historia en Juan 4:1-26, NVI). Jesús iba camino de Galilea con un objetivo en mente cuando la vida se interpuso, y tuvo la oportunidad de alentar a alguien.

A continuación, Jesús entró a Jericó, de camino a Jerusalén. Se encontró con un recaudador de impuestos llamado Zaqueo, tan empeñado en verlo que subió a un árbol sicomoro para poder echarle un vistazo a este hombre del que tanto había oído hablar. Cuando Jesús pasó por delante del árbol, llamó a Zaqueo y le dijo que tenían que pasar algún tiempo juntos (ver Lucas 19:1-10). Una vez más, Él estaba orientado hacia su meta, pero la vida se interpuso.

Para Jesús, su ministerio era la persona que tuviera delante: la mujer junto al pozo, el recaudador de impuestos, alguien que necesitara curación o que tuviera una pregunta para Él.

Para ti y para mí, el ministerio es esto mismo. Son las personas que tenemos delante: nuestro marido, nuestros hijos, nuestros amigos, vecinos y, en ocasiones, hasta completos extraños.

Me gusta llamar lo que hago como madre "el ministerio de la disponibilidad", aunque más a menudo parece "el ministerio de las interrupciones". Sin embargo, mis experiencias diarias son similares a las experiencias que Jesús tuvo cuando caminó por esta tierra. Estaba sumamente solicitado. Yo también. Lo interrumpían docenas de veces al día. A mí me ocurre lo mismo. Le formulaban un millón de preguntas. ¡A mí me da la impresión de que me hacen un millón y una al día! ¡Hablar con Jesús es como tener un Amigo que te entiende!

Tras un suspiro de agotamiento, alcé a Austin, lo senté en mi regazo y respondí a su pregunta: "Mamá está hablando con Jesús, pero tú puedes sentarte conmigo si quieres. Me encanta nuestro tiempo de acurrucarnos cada mañana". Para mí, el ministerio es la persona que está delante de mí, y en ese momento era mi hijo de cuatro años.

Ora...

Gracias, Dios, por enviar a tu Hijo a vivir en esta tierra. Gracias por darnos a un Salvador que comprende las experiencias humanas. Ayúdame a conocerte mejor y a confiar en Jesús como mi amigo y Salvador. Y ayúdame a replantear lo que hago cada día como madre, considerando las interrupciones como oportunidades y no como frustraciones. Haz crecer en mí un corazón de sierva que ministre a quienquiera que tenga delante de mí.

(Siéntete libre de seguir anotando tus pensamientos hacia Dios).

Descubre…

Lee los capítulos 1 y 2 del libro de Mateo.
Esto te iniciará en el conocimiento de la vida de Jesús en esta tierra.
Antes de leer, pídele a Dios que te muestre el lado humano de Jesús.

VERDAD…

Porque no tenemos un sumo sacerdote que no pueda compadecerse de nuestras debilidades, sino uno que fue tentado en todo según nuestra semejanza, pero sin pecado. Acerquémonos, pues, confiadamente al trono de la gracia, para alcanzar misericordia y hallar gracia para el oportuno socorro.

Hebreos 4:15-16

CAPÍTULO 1

DESCUBRE LA VERDAD DE DIOS:

JESÚS SIRVIÓ

La verdad sobre servir

Debió de haber sido el final de un largo y caluroso día. Habían estado de pie la mayor parte del día, y la cena era un tiempo de descanso y refresco del que Jesús y sus amigos tendrían gran necesidad. Señalaba el final del trabajo y el comienzo de un tiempo de comunidad. Estoy segura de que la conversación se centraría en los acontecimientos del día, los milagros presenciados y las personas con las que habían estado en contacto.

Sin que los demás lo notaran, Jesús "se levantó de la cena, y se quitó su manto, y tomando una toalla, se la ciñó. Luego puso agua en un lebrillo, y comenzó a lavar los pies de los discípulos, y a enjugarlos con la toalla con que estaba ceñido" (Juan 13:4-5).

Pedro protestó, pero Jesús siguió. Sus compañeros debieron de haberse mirado unos a otros con asombro, y la murmuración en torno a la mesa sonaría probablemente como el zumbido de abejas ajetreadas. "¿Qué hace? ¿Por qué está haciendo el trabajo de un criado?", se preguntaban unos a otros.

Jesús terminó de lavarle los pies a cada uno de sus amigos, y soltó la toalla, volvió a ponerse el manto y regresó a su lugar en la mesa.

Entonces preguntó: "¿Entienden lo que acabo de hacer? Ustedes me llaman 'Maestro' y 'Señor' y tienen razón, porque es lo que soy. Y, dado que yo, su Señor y Maestro, les he lavado los pies, ustedes deben lavarse los pies unos a otros. Les di mi ejemplo para que lo sigan. Hagan lo mismo que yo he hecho con ustedes" (Juan 13:12-15, NTV).

Fue el acto supremo del liderazgo de siervo, y más importante aún, establece el ejemplo de cómo debemos vivir nuestra vida cotidiana.

El liderazgo de siervo

Cada día, tú y yo tenemos la oportunidad de practicar el liderazgo de siervo. La profesión de la maternidad trata de suplir las necesidades de los demás, cuidando de ellos física, emocional y relacionalmente. Esto requiere un corazón generoso, un espíritu sin egoísmo y saber muy bien quién eres para servir con generosidad.

La mayoría de las madres no piensan en sí mismas como líderes. Pero ser madre o padre es eso. Los padres son los líderes de sus hijos. Jesús se autodescribió como "Señor" y "Maestro", y es lo que somos para nuestros hijos. Ciertamente, no nos llaman "señora", pero la definición de "señor" en aquella época era "una persona cuyas enseñanzas otros aceptaban y seguían".[1]

Seamos sinceras: mis hijos no siempre aceptan mis enseñanzas, pero normalmente sí las siguen. Las madres son maestras naturales, y dudo mucho que alguna de nosotras esté en desacuerdo con esto. Estamos impartiendo sabiduría, dando directrices y ayudando a nuestros hijos a aprender cada día sobre su mundo.

Los títulos de Jesús, Señor y Maestro, eran títulos de autoridad. Él era su líder. Sin embargo, en el acto de humildad de lavar los pies de sus discípulos, equilibró el liderazgo de autoridad con el de siervo. Le dio vida a Mateo 20:16: "Así, los primeros serán postreros, y los postreros, primeros". ¿Quiere esto decir que siendo una sierva podemos convertirnos en una líder incluso más influyente en

---

1. La autora hace referencia al término en inglés *master*; en línea, http://dictionary.reference.com.

la vida de nuestros hijos? Eso es exactamente lo que dijo Jesús. Lo sé… es difícil de imaginar. Es alucinante. Es contracultural, y es a semejanza de Cristo.

¿Qué tiene que hacer una madre?

Se suele decir que con los niños un ejemplo vale más que mil palabras. Lo que nos ven hacer es mucho más importante que aquello que les decimos que hagan. Siguen nuestro ejemplo y crecen pareciéndose más a nosotros de lo que en ocasiones nos gustaría. "Captan" nuestras cosas buenas y las malas.

Mucho de lo que hago como madre es el resultado de seguir el ejemplo de mi madre. Pero ella no es el único ejemplo que debo seguir. Para las que creemos en Jesucristo, tenemos su ejemplo que podemos imitar. Él vivió para dar y murió sirviendo. Era el Rey de Reyes y el Señor de Señores, pero vivió la vida humilde de un carpintero. Tenía el título de todos los títulos: El Señor Dios Todopoderoso, pero no se impuso a nadie ni exigió que las personas se inclinaran ante Él y lo adoraran. Más bien compartió mesa con recaudadores de impuestos y durmió en el desierto. Pasó tiempo con "hermanos más pequeños" y mostró amor a los desafortunados. ¡Y esa es una acción dura de seguir!

En Juan 13:15-16 leemos: "Les he puesto el ejemplo, para que hagan lo mismo que yo he hecho con ustedes. Ciertamente les aseguro que ningún siervo es más que su amo, y ningún mensajero es más que el que lo envió" (NVI). Jesús nos pide que sigamos su ejemplo. No somos perfectos. No lo haremos del todo bien. Sin embargo, se nos ha llamado a ser cada vez más como Cristo, cada día. En lo personal, me siento agradecida de tener a un Dios que no solo dice: "Haz lo que digo", sino también "Haz lo que hago". Él lideró con el ejemplo y nos mostró que es factible.

Nuestra naturaleza humana lucha con el concepto de "ser el último". Con frecuencia damos para recibir. Servimos con la expectativa de ser servidas a cambio. Con todo, la naturaleza misma de las responsabilidades de madre erosiona lentamente ese sentido del derecho y el egoísmo que a menudo llevamos a la adultez. Una vez el niño captura nuestro corazón, descubrimos una generosidad en nosotras nunca antes experimentada. El sentido del derecho desaparece, y aprendemos a trabajar más duro que en toda nuestra vida. Pasamos sin dormir y olvidamos comer. Damos incluso cuando parece que ya no tenemos nada más que dar. A veces, lo único que recibimos de un bebé irritable es un dolor de cabeza, y de un adolescente, un dolor en el corazón. No parece una gran devolución por todo el tiempo, la energía y el amor que hemos dado de forma tan gratuita.

Antes de que nos demos cuenta, podemos empezar a sentir que se aprovechan de nosotras. Y si no tenemos cuidado, perdemos la valiosa perspectiva. Ahí es donde el servicio tiene que ser equilibrado; y para aprender sobre ese equilibrio, de nuevo es necesario que sigamos el ejemplo de nuestro Amigo que nos entiende.

Servir con flexibilidad

La Biblia está llena de historias de la ocupada vida de Jesús: viajaba, hablaba, sanaba, escuchaba, compartía, enseñaba; y después se iba a la cama y volvía a empezar de nuevo al día siguiente. Aun así, en medio de una vida de servicio, sabía que si se da de buen grado, uno tiene que tener flexibilidad y recibir del mismo modo. Servir con una línea recta (dar y no recibir) puede resultar en fatiga, amargura y puro agotamiento.

La Biblia nos dice que Jesús "solía retirarse a lugares solitarios para orar" (Lucas 5:16, NVI). Ese era el tiempo principal de Jesús para recibir. Recargaba su depósito emocional y espiritual pasando tiempo con Dios. Se apartaba del centro de atención para orar y recibir dirección de su Padre.

En una ocasión, leí que Susana Wesley (1669-1742), madre de diecinueve hijos, levantaba sus anchas faldas por detrás y por encima de su cabeza para hallar su momento de oración. Susana era la madre de Juan Wesley, a quien se considera el fundador de la Iglesia Metodista, y de Carlos Wesley, el gran escritor de himnos. Esa madre entendía su necesidad de elevarse a la estación de aprovisionamiento espiritual, para tener el amor, la perspectiva y la energía de servir a su enorme familia. Tú y yo necesitamos hacer lo mismo.

Hablaremos más en profundidad sobre la oración en un capítulo posterior, pero consideremos pasar tiempo con Dios como parte esencial del servicio. Servir es dar. Pasar tiempo con Dios es recibir. Tú y yo necesitamos recibir de Dios esperanza, verdad, amor, aliento, perspectiva y valor. Pasar tiempo con Él llenará nuestras reservas para que sirvamos de la abundancia con la que Dios nos ha llenado. Dios confirma esto en 2 Corintios 1:3-5: "Dios... el cual nos consuela en todas nuestras tribulaciones, para que podamos también nosotros consolar a los que están en cualquier tribulación, por medio de la consolación con que nosotros somos consolados por Dios. Porque de la manera que abundan en nosotros las aflicciones de Cristo, así abunda también por el mismo Cristo nuestra consolación". Asimismo, en 2 Corintios 9:10-11 dice: "Pues es Dios quien provee la semilla al agricultor y luego el pan para comer. De la misma manera, él proveerá y aumentará los recursos de ustedes y luego producirá una gran cosecha de generosidad en ustedes. Efectivamente, serán enriquecidos en todo sentido para que siempre puedan ser generosos; y cuando llevemos sus ofrendas a los que las necesitan, ellos darán gracias a Dios" (NTV). Cuando pasamos tiempo con Dios, nos llenamos hasta desbordar y ser capaces de servir a los demás con esa abundancia.

Pasar tiempo con Él llenará nuestras reservas para que sirvamos de la abundancia con la que Dios nos ha llenado.

¿Cómo recibimos de Dios? Existen dos maneras: hablando con Él (oración) y leyendo su manual de instrucciones (la Biblia). No te preocupes aquí de las formalidades; Dios solo quiere que hables con Él. ¿Cuáles son tus luchas? Cuéntaselas. ¿Qué te enoja? Díselo. ¿Qué te está haciendo tropezar en tus relaciones? Coméntaselo. ¿Por qué estás agradecida? Compártelo con Él. ¿Qué temores tienes? Decláraselo. ¿Cuáles son tus esperanzas y tus sueños para el futuro? Explícaselos. Dios solo quiere escuchar nuestro corazón. Él ya conoce nuestras necesidades, pero anhela que confiemos en Él y que lo invitemos a nuestra vida diaria.

Igual que Jesús, necesito "retirarme de las multitudes" para orar.

En términos reales, es probable que Él se sentara sobre una roca, en el desierto, para orar, mientras que yo, la mayoría de las veces, me siento en el retrete (¡con la tapa bajada, por supuesto!). En serio, el cuarto de baño es, en ocasiones, el único lugar donde una mamá puede encontrar cinco minutos de tranquilidad. ¡Usa pues lo que tengas! Guarda una Biblia y un cuaderno en el baño para leer unas cuantas perlas de verdad y anota tus oraciones. O solo cierra la puerta, respira un par de veces profundamente para tranquilizar tu mente y habla con el Señor durante unos cuantos minutos.

¿Cuáles son tus esperanzas y tus sueños para el futuro? Explícaselos. Dios solo quiere escuchar nuestro corazón.

Si puedes levantarte un rato antes que tu familia para pasar tiempo con Dios, llenarás tu depósito antes de empezar a servir. Incluso cinco o diez minutos pueden marcar una diferencia enorme en el día de una mamá. Siempre he luchado conmigo misma, porque soy más lechuza nocturna que madrugadora. Sin embargo, cuando me las apaño para lograrlo, observo una enorme diferencia en mi capacidad para cuidar de mi familia.

Mi amiga Becky escribe las Escrituras en fichas y las coloca por toda la casa: en el espejo de su cuarto de baño, en el refrigerador, cerca de la computadora, en el tablero de su auto... por dondequiera que ella va puede recordar la verdad de Dios para su vida. En cualquier momento que leemos la Palabra de Dios —aunque solo sea un versículo cada vez—, llenamos nuestra reserva para servir de nuestra abundancia.

Permitir que nos sirvan

Cuando Mark asistía al instituto bíblico y luchábamos por llegar a fin de mes, el pastor de nuestra iglesia se acercó a nosotros un domingo. Caminó hacia Mark y le extendió la mano para apretar la suya a la vez que le metía un billete de cien dólares en el bolsillo. De inmediato, Mark intentó devolver el dinero, pero Don no se lo permitió. Finalmente, dijo algo que ni Mark ni yo hemos olvidado jamás: "No me niegues nunca la oportunidad de servir a mi Señor". Sus palabras nos afectaron de una forma poderosa, y aprendimos rápidamente otro aspecto de servicio. Si alguien sirve, alguien tiene que recibir.

La mayoría de nosotras luchamos con la parte de recibir. O vemos como una señal de debilidad que alguien nos ayude, u odiamos causarle algún inconveniente a alguien. Sin embargo, una parte importante del servicio consiste también en recibir de gracia cuando Dios le pide a otra persona que sirva.

Como madres, la mayoría de nosotras caemos fácilmente en la actitud del "Ya me ocuparé yo de ello". Cuando alguien pregunta si pueden ayudar, solemos responder: "No, no creo que sea necesario". Nos afanamos solas y a menudo acabamos emocionalmente agobiadas y físicamente agotadas. Una madre que se encarga de todo para la familia sin esperar nada de sus miembros criará hijos que crecerán sin sentido alguno de la responsabilidad. Es necesario que invitemos a nuestros hijos a servir justo a nuestro lado. Y, en ocasiones, incluso necesitaremos permitirles que nos sirvan. Esto es un reto para la mayoría de nosotras, pero a la vez es una parte muy importante a la hora de dar un ejemplo equilibrado de servicio.

Jesús es también el modelo de la parte receptora del servicio. Él permitía que otros prepararan la cena de vez en cuando para Él. Dejó que una mujer vertiera perfume sobre sus pies y que los secara con su cabello. Consintió en que los discípulos echaran al mar el bote en el que Él se encontraba, para poder dormir un poco. Se entregó por completo, pero equilibró el servicio que realizaba permitiendo también que otros lo sirvieran. Y es el modelo que dejó para que nosotros lo siguiéramos.

¿Cómo aplicamos esto a la vida cotidiana en las trincheras de la maternidad? Considera estas posibilidades:

- Cuando tu esposo pregunta: "¿Cómo puedo ayudarte?", no esquives su pregunta, sino invítalo a unirse a ti en lo que estés haciendo.

- Si tu vecina aparece mientras estás preparando una ensalada de fruta para el picnic de la comunidad, pídele que te ayude cortando las fresas.
- En lugar de preparar sola la cena familiar una noche tras otra, pídeles a tus hijos que te ayuden en tareas adecuadas para su edad. Un niño de preescolar puede ayudar a poner la mesa; uno de primaria puede ocuparse de limpiar la verdura o hacer una ensalada. Un adolescente tiene la plena capacidad de encargarse de la planificación y preparación de una comida semanal.
- Cuando se presenta tu suegra y se toma como algo personal limpiarte la cocina, agradece la ayuda en lugar de sentirte ofendida por sus actos. Dale las gracias por su corazón de sierva y recibe el regalo con gentileza.
- La próxima vez que estés enferma y una amiga te llame durante el día preguntándote si puede llevarte la cena... ¡di que sí!

Un corazón de sierva

En la sociedad actual del "primero yo", tener un corazón de sierva puede considerarse contracultural. Sin embargo, el gozo de servir a los demás ofrece una experiencia sin igual. Al haber sido hechas a imagen de Dios, estamos diseñadas para servir.

La profesión de madre consiste en preocuparse por las necesidades de aquellos que nos rodean. No obstante, como Cristo nos mostró, tenemos que dar y también recibir. Y tenemos que servir de la abundancia de nuestro corazón y no de nuestro vacío. Existe gran fuerza y belleza en servir a nuestra familia, amigos y vecinos, y permitirles que nos sirvan a su vez. Cristo sirvió de buen grado, ¡y estamos llamadas a hacer lo mismo!

Gracias, Jesús, por mostrarme el equilibrio de servir. Ayúdame a servir con un corazón justo y a reconocer el don que ofrezco cuando sirvo. Y, más importante aún, ayúdame a aprender a recibir. Resulta muy difícil dejar que los demás me sirvan, ¡aunque sé que esto también forma parte del trato! Permíteme dar y también recibir. Al estar contigo, Señor, y aprender más de ti, ayúdame a ser más como tú cada día.

Perspectiva

¡Socorro! Todos quieren un trozo de mí

Erica era muy infeliz. "Molesta" era la única palabra adecuada para describir a mi tercera hija. Con los otros dos bebés, jamás experimentamos cólicos, pero este había estado llorando sin cesar durante casi seis meses. Mis hijos mayores tenían seis y cuatro años, y seguían necesitando mucha atención de mi parte. Recuerdo que, un día en particular, tenía la sensación de tener a un bebé enganchado a mi pecho y a un preescolar pegado a cada pierna, durante todo el día. Por fin los metí a todos en la cama y me fui directamente a acostarme... ¡solo para encontrarme con un marido de ojos chispeantes!

Sentía deseos de gritar: "Si alguien más toca este cuerpo, ¡perderé los estribos!".

Afrontémoslo. Cuando nos lanzamos en el viaje de la maternidad, esto tiene un grave efecto físico en nosotras. Si das a luz, pierdes todo sentido del recato una vez iniciado el parto. Empujan tu cuerpo por todas partes, tiran de él, lo miran y lo tocan de maneras que nunca habrías imaginado posibles. Una vez te colocan a ese hermoso pequeño en tus brazos, empieza a chillar pidiendo su primera comida, y tus senos tienen, de repente, una nueva tarea.

Tal vez entres en la maternidad a través de la adopción. Aun así, hay que llevar a los niños como si fueran bebés. Al entrar en sus primeros años y la época de preescolares, parecen pensar que eres una pieza móvil del equipo de juegos del parque: saltan, se enganchan a ti y se suben encima de ti sin cesar.

No podemos olvidar a papá en todo esto. En medio de toda la "gente menuda" que exige que sus necesidades sean suplidas, el padre puede pasar con facilidad de su lugar bien merecido en la parte alta de la lista de prioridades al renglón justo debajo de "alimentar al perro", en la parte inferior. No debería ser así... pero sencillamente ocurre si no tenemos cuidado.

Cuando Jesús vivió en la tierra, parecía que todos querían un trozo de Él. En la Biblia, hay muchas historias que muestran a personas que querían que Jesús les dedicara tiempo y su toque. Algunos aguardaban su turno con paciencia, y otros se abrían camino a empujones entre la multitud para solo tocar el borde de su vestidura. Nos viene a la mente una historia en particular sobre una mujer desesperada por tocar a Jesús. La Biblia nos dice que había estado sangrando durante doce años y creía que Él podía sanarla. Empujando a unos y a otros, logró llegar hasta Él y pudo rozar su manto. Fue sanada a causa de su fe. (Lee sobre ella en Mateo 9:20-22).

La experiencia de Jesús en esta tierra es muy similar a la nuestra como madres. Nuestra familia quiere nuestro tiempo y nuestro toque. Unos esperan con paciencia (como el agotado marido), y otros exigen a su manera (como el bebé que grita). Jesús estaba muy solicitado y, como madres, nosotras también.

Jesús nos dejó el modelo de cómo gestionar las exigencias que se imponen sobre nosotras. Sus estrategias incluían la oración y saber cómo hallar momentos tranquilos en medio del caos. Exploraremos todo esto en las páginas siguientes, pero por el momento nos limitaremos a centrarnos en que Él nos comprende. Lo entiende. Sabe lo que es que todos quieran un trozo de ti.

Ora...

Gracias, Dios, por el diario de tu vida en la Biblia. Gracias por las historias sobre todos los que querían tocarte y pasar tiempo contigo. Me entiendes de verdad y comprendes lo que es sentir que todos quieren un trozo de ti. Ayúdame a hallar tu paz en medio de la maternidad. Ayúdame a mantener mis ojos en ti conforme realizo mis tareas como madre. En el nombre de Jesús, Amén.

(Tómate unos cuantos minutos para hablar un poco más con Él. No te preocupes, Él no busca lo ceremonioso. Solo quiere que compartas lo que hay tu corazón y en tu mente).

Descubre…

Lee Mateo capítulos 3 y 4. Pídele a Dios que te muestre un lado de Jesús diferente a lo que hayas visto nunca antes.

VERDAD…

Así que, amados hermanos, ustedes que pertenecen a Dios y tienen parte con los que han sido llamados al cielo, consideren detenidamente a este Jesús a quien declaramos mensajero de Dios y Sumo Sacerdote. Pues él fue fiel a Dios, quien lo nombró, así como Moisés fue fiel cuando se le encomendó toda la casa de Dios.

HEBREOS 3:1-2 (NTV)

CAPÍTULO 2

DESCUBRE LA VERDAD DE DIOS:

JESÚS ADORÓ

La verdad sobre la adoración

La multitud aclamó cuando los equipos saltaron al campo de juego. Los fanáticos mostraron su apoyo de forma visual con pancartas caseras, con el atuendo oficial y hasta con el rostro pintado de los colores del equipo. Cada vez que su equipo anotaba, la multitud de hinchas se ponía de pie con un rugido. Aclamaban, saltaban y brincaban, y hacían todo tipo de locuras que se consideran "normales" en un partido de fútbol.

Los fanáticos están dedicados a su equipo. Respetan, honran y adoran a los jugadores y a los entrenadores. Y aunque no solemos usar el término "adoración" para describir a los hinchas de fútbol, es exactamente lo que hacen. Le dan valor a algo que aman... y la adoración es esto, ni más ni menos.

¿Qué es la adoración?

La mayoría de nuestros hijos han tenido alguna vez un juguete de esos en los que hay que hacer coincidir las formas. Suele ser una pelota o una caja con piezas de distintas formas, que solo encajarán en el agujero adecuado. Le enseña al niño las diferentes formas y le ayuda a desarrollar la coordinación ojo-mano. Pero ese mismo juguete también nos proporciona una analogía visual. Nuestra vida es muy parecida. Existe un agujero con la forma de Dios en el corazón de cada una de nosotras. Nos demos cuenta o no, está ahí. Y, lo notemos o no, siempre estamos intentando llenarlo.

Existe un agujero con la forma de Dios en el corazón de cada una de nosotras... que siempre estamos intentando llenar.

Algunas de nosotras intentamos llenarlo con comida. Otras, con relaciones, esperando que nuestro marido, nuestros hijos o una amiga sean algo que no pueden ser. Algunas intentan colmarlo con trabajo, escuela, diplomas o títulos que las hacen sentir bien con ellas mismas. Otras procuran rellenar ese agujero con perfeccionismo, un escurridizo sedante que proporciona un falso sentido de seguridad y expectativas por las nubes para los demás.

Cada vez que intentamos llenar ese agujero con algo que no es Dios, construimos un ídolo: un dios falso en nuestra vida. Cuanto más perseguimos al falso dios, más apartamos nuestra adoración (estimando otra cosa como digna de nuestro tiempo y nuestra energía) del Creador y la acercamos más a lo creado. Y siempre nos quedaremos cortos, cada vez.

Cuando entendemos el vacío que hay en nosotros y que lleva la forma de Dios, y le permitimos ocupar su lugar de pleno derecho en nuestro corazón y nuestra vida, pasamos de tener una perspectiva centrada en una misma a otra enfocada en Dios. Al actuar así, somos libres de reconocer que la verdad de Dios y sus caminos son lo único que merece nuestro tiempo y nuestra energía. Aprendemos, asimismo, que cuando nuestras actividades cotidianas se desempeñan con una perspectiva centrada en Dios, son un acto de adoración que toca de verdad su corazón.

Redefinamos la adoración

Culturalmente, hemos llegado a asociar el término "adoración" con la iglesia. Vamos allí a adorar a Dios. O decimos que vamos a un "culto de adoración". En realidad, vamos a la iglesia para participar en la adoración corporativa. Allí nos reunimos con otros creyentes para adorar juntos a Dios una o dos veces a la semana. Este tipo de adoración es una parte importante del viaje de fe, pero no se suponía que la definiera de forma única.

Cuando consideramos la razón por la que Dios nos creó... no existe otra cosa más que dar gloria al Creador. Somos creados para tener una relación con Dios y adorarlo tanto en la vida como en la eternidad. Es un pensamiento bastante disparatado, lo sé. La mayoría de nosotras tenemos dificultades al pensar qué cenaremos esta noche, por no hablar de comprender la eternidad. Estamos intentando sobrevivir a los retos cotidianos de ser madre. Pero pensemos profundamente durante solo un momento para captar una comprensión firme de esta verdad. Tú y yo hemos sido creadas con el único propósito de adorar a Dios. Esto da un vuelco a nuestra forma de usar los minutos, ¿verdad?

Hace muchos años, leí un artículo de *Christianity Today* [Cristianismo hoy] titulado: "Two Minutes to Eternity" [Dos minutos para la eternidad]. Un padre que había perdido a su hijo al nacer y a una hija de dos años, con necesidades especiales, escribió sobre su viaje hasta entender el sinsentido de sus muertes. "¿Por qué querría Dios crear a un niño y que este viviera tan solo dos minutos?", preguntó.[2] Finalmente llegó a entender que Dios no crea a un niño para que viva dos minutos, dos años o un número concreto de años. Dios crea para la eternidad. La tierra es nuestro hogar temporal, y el cielo es nuestra casa eterna. Nuestra adoración en esta tierra no es nada comparado con la adoración que podremos brindarle a Dios en la eternidad.

Vivir la vida a la manera de Dios es el tipo de adoración que Dios desea aquí en la tierra. Él quiere los cánticos que cantamos los domingos, pero también que vivamos esas palabras cualquier otro día de la semana. Dios dice: "Si afirmas ser religioso pero no controlas tu lengua, te engañas a ti mismo y tu religión no vale nada. La religión pura y verdadera a los ojos de Dios Padre consiste en ocuparse de los huérfanos y de las viudas en sus aflicciones, y no

2. Marshall Shelley, *Christianity Today,* vol. 38, núm. 6 (16 de mayo de 1994).

dejar que el mundo te corrompa" (Santiago 1:26-27, NTV). Parece lógico que pudiéramos sustituir el término *adoración* por *religión* en este versículo y entender mejor lo que Dios ve en el corazón de las cosas. En realidad, la adoración es exactamente eso... una actitud del corazón digna de Dios.

¿Qué hizo Jesús?

La vida de Jesús fue un acto de adoración. Tenía el filtro de Dios en todo lo que hacía. Sanó para darle gloria a Dios. Sirvió a los demás y le dio el crédito a Dios. Amó de forma incondicional. Habló la verdad. Extendió compasión. Estaba lleno de gracia. Corregía con amor y alentaba con la verdad. Era humilde, amable y sacrificial.

> Jesús tenía el filtro de Dios en todo lo que hacía.

Creo que lo que más me impresiona, sin embargo, son las circunstancias bajo las cuales hizo estas cosas. Estaba en un mundo hostil hacia Él y el mensaje que traía. Los que no le creían lo criticaron duramente. Era muy demandado por quienes sí creían. Sencillamente, parecía no haber suficiente Jesús. ¿Te resulta esto de algún modo familiar en tu vida como madre? Para mí, desde luego. ¡Por momentos, me siento estirada en tantas direcciones distintas que estoy segura de que me voy a romper! Estoy convencida de que Jesús se sintió así a veces. Y también de que le resultaba complicado estar en un entorno hostil que, probablemente, lo tentaba a pasar más tiempo defendiéndose que compartiendo el mensaje que había venido a traer.

Sin embargo, incluso en todo esto, Jesús vivió su vida con un carácter piadoso. Sí, lo sé, Él *era* Dios; ¿por qué esperaríamos nosotras, pues, algo distinto? No tendríamos por qué esperar necesariamente algo diferente, pero creo que la manera como Jesús vivió su vida nos fortalece de dos formas.

En primer lugar, Jesús vivió en un mundo hostil hacia Él y hacia lo que intentaba realizar. A cada paso, alguien cuestionaba su identidad y lo llamaba mentiroso. Como madres, nosotras también vivimos hoy en un entorno hostil. Es un mundo antifamilia, anti-Dios, de relativismo moral y de valores familiares decadentes. ¡Jesús sabe cómo es nadar río arriba contra una fuerte corriente! Él lo vivió. Su éxito estableció la senda para nuestro éxito.

En segundo lugar, sabemos que Jesús luchó con la realidad de lo que Dios le estaba pidiendo hacer. Sabía que había sido enviado para salvar a un mundo perdido, pero también era consciente de que eso exigía su tortura física y, después, una muerte dolorosa. Incluso en el huerto de Getsemaní, justo antes de que fuera arrestado y, finalmente, enviado a la cruz, imploró: "Padre mío, si es posible, pase de mí esta copa" (Mateo 26:39).

Aunque no podemos comparar aquello por lo que nosotras pasamos con la agonía a la que se enfrentó Jesús en la cruz, cada madre ha experimentado el sentimiento de "Dios, no creo que pueda seguir haciendo esto". Nuestra "copa" podría ser levantarnos por sexta vez durante la noche con un recién nacido o un niño enfermo, o afrontar los retos que supone un niño con necesidades especiales o un adolescente hormonal. Como Jesús, con frecuencia lidiamos con encontrar en nuestro interior la fuerza para seguir con nuestra misión en la vida.

¿Cómo adoro siendo madre?

Al estar con niños día tras día, podemos confundir nuestra perspectiva. Aun cuando tus hijos sean mayores, las exigencias de gestionar múltiples programas, las hormonas adolescentes y aprender a dejarlos ir te lanzará en picada. Resulta muy fácil ver solo el pañal sucio que tenemos enfrente y no que la imagen panorámica de cómo cambiarlo es un acto de servicio que, realizado con la perspectiva y la actitud adecuadas, es en realidad un acto de adoración.

La mayoría de nosotras no hemos pensado nunca en nuestras responsabilidades cotidianas como madres de un modo tan espiritual. Pero es necesario que lo hagamos, porque Jesús dirige el camino. Dios dice: "Trabajen con entusiasmo, como si lo hicieran para el Señor y no para la gente" (Efesios 6:7, NTV). Me encanta el lenguaje que utilizan ciertas versiones parafraseadas, que vienen a decir más o menos: "Y trabaja con una sonrisa en el rostro, recordando siempre que, independientemente de quién dé las órdenes, estás sirviendo realmente a Dios". ¡Esa es la verdad divina para nosotras! La verdad que nos ayuda a atravesar las noches difíciles. Esa que nos proporciona un propósito más alto para todas las tareas domésticas que realizamos cada día. La verdad que redefine nuestros motivos y cambia nuestras actitudes. Esa que nos formará, nos moldeará y nos transformará para que seamos más como Jesús, si lo permitimos. En última instancia, es la verdad que nos libera para que seamos la esposa y madre que anhelamos ser, definida por Jesucristo y no por las trampas ni las expectativas del mundo en el que vivimos. Y cuando somos capaces de entender esto, lo somos de adorar a Dios de buen grado con nuestra vida, todos y cada uno de los días.

Hace muchos años, Karla Worley cantó una canción en una de nuestras conferencias en Hearts and Home y las palabras han quedado grabadas por siempre en mi mente:

Mi amiga Suzie, ¡qué muchacha!

Lleva doce años casada con su amigo de la infancia;

Tiene un bebé de tres años y otro en camino…

Ya puedes imaginar cómo pasa el día.

De rodillas enseñando el ABC y siendo una esposa fiel;

Cobrando en besos y en dibujos de peces,

¡Qué vida tan maravillosa!

Y es así como lo alabamos: con aquello que hacemos y decimos;

Ancianos y niños, jóvenes y doncellas, cada día.

Es el único y simple secreto que abre el universo:

Poner a Él primero en las cosas corrientes

Es la forma en que lo alabamos.

Alabamos a Dios —lo adoramos— poniéndolo primero en nuestro corazón y nuestra mente. Y cuando actuamos así, nuestra actitud es lo primero que cambia.

Deja que Dios transforme tu perspectiva

A veces tengo que ocuparme de mis adicciones. Oh, no son del tipo del que solemos oír hablar, como el alcohol o las drogas. No obstante, soy adicta. Por ejemplo, al control. Me gusta llevar a mis polluelos en fila. Me gusta que las cosas se hagan a mi manera. Y si soy realmente sincera conmigo misma, con frecuencia pienso que la mía es la única forma correcta. Un día, Dios y yo tuvimos una conversación al respecto. Fue algo así:

> Dios: *"Jill, ese problemilla que tienes con el control, en realidad es orgullo".*
>
> Jill: "¿Orgullo? ¿De veras? El orgullo es cuando alguien está atrapado en sí mismo. Es cuando se cree mejor que los demás".
>
> Dios: *"En ocasiones crees que tus ideas son mejores que las de tu marido".*
>
> Jill: "No siempre".
>
> Dios: *"Jill...".*
>
> Jill: "Está bien, tienes razón. Imagino que nunca he pensado en ello como orgullo".
>
> Dios: *"A veces no podemos ver las cosas como son y por ello necesitamos la verdad en nuestra vida".*
>
> Jill: "Lo siento, Señor. ¿Me perdonas?".
>
> Dios: *"Desde luego. Te perdono".*

Para que no vayas a pensar que Dios estaba sentado en mi salón, manteniendo la conversación conmigo, en realidad esto sucedió mientras yo iba a buscar a mis hijos a la escuela. Estaba esgrimiendo estos argumentos en mi cabeza. Ya sabes, como cuando repasas en tu mente toda una discusión con alguien. Sueltas todo lo que quieres decir para poner a la persona en cuestión en su lugar y quedar tú por encima. Todas lo hemos hecho. Sin embargo, en medio de todo ello, la verdad de Dios traspasó mi corazón. Me sentí culpable por mi actitud equivocada. Él susurró suavemente, y yo escuché en ese momento, y la conversación anterior me proporcionó la corrección que tanto necesitaba y un cambio de perspectiva.

Durante los siguientes días, Dios llevó esta conversación más lejos. Me guio a la Biblia, a Éxodo 20, donde puedes leer los Diez Mandamientos. El primero dice: "No tendrás dioses ajenos delante de mí" (versículo 3). Lo he leído muchas veces antes, pero en esta ocasión me afectó de un modo distinto. De repente veía el orgullo de una forma diferente. Nunca había pensado en ello de aquella manera, pero en realidad es adorarnos a nosotras mismas. Empezamos a pensar, a menudo en el subconsciente, que nuestros caminos son los mejores —incluso mejores que los de Dios—, así que apartamos los ojos de Él y los fijamos en nosotras. Adoramos el objeto equivocado.

Pero no solo con esto actuamos así. Por ejemplo, ¿has considerado alguna vez que la preocupación es la adoración de nuestras circunstancias? ¿O que la falta de perdón o la amargura es la adoración de un daño causado por otra persona? Nuestra naturaleza humana adora con demasiada facilidad a otros dioses. Dios sabía que esto sucedería y, por ello, nos dio su verdad para volver a situarnos en el camino correcto cuando nuestro corazón toma un desvío.

¿Qué debe hacer, pues, una mamá cuando su corazón se sale del camino? ¡Apartar sus ojos de los montes para fijarlos en Aquel que mueve las montañas!

¿Qué debe hacer, pues, una mamá cuando su corazón se sale del camino? ¡Apartar sus ojos de los montes para fijarlos en Aquel que mueve las montañas! Tú y yo necesitamos la perspectiva de Dios en cada momento que podamos tenerla. Porque la mayoría de lo que hacemos como madres es servir a los demás, resulta muy fácil conseguir una perspectiva sesgada que nos pone de mal humor y que, de manera definitiva, afecta la armonía de nuestro hogar. He descubierto tres cosas que me ayudan a poner la vista en Aquel que mueve las montañas:

1. La verdad de Dios: La Biblia está llena de sabiduría, verdad y perspectiva para nosotras. Necesitamos mantenerla delante de nosotras tanto como sea posible. Cuando mis hijos eran pequeños, adquirí la costumbre de poner una pequeña Biblia dondequiera que pudiera sentarme por un momento: en cada cuarto de baño, cerca de la mecedora en el cuarto del bebé, cerca del sillón reclinable de la sala familiar, donde solía amamantar al bebé y cerca de mi cama, donde podía leer una pequeña porción antes de dormirme. Conforme los niños fueron creciendo, añadí una Biblia a mi bolso y a la guantera de mi auto para poder maximizar el tiempo de espera durante las lecciones de piano, el entrenamiento de fútbol, las citas con el dentista, etc. ¡Ahora, tengo la Biblia en mi teléfono inteligente y la tengo a mano en todo tiempo!

2. El Espíritu Santo: Cuando leemos la Biblia, aumentamos el vocabulario del Espíritu Santo en nuestra vida. Dios nos da el Espíritu para que nos guíe en nuestro día a día. Cuando sentí la convicción sobre el orgullo que compartí antes, fue el codazo del Espíritu Santo en mi corazón el que se ocupó de mi orgullo y me habló la verdad. Ya había leído antes sobre el orgullo, pero Él tomó ese conocimiento de mi mente y lo llevó a mi corazón. Permitir que la verdad se asiente en nuestro corazón y, en última instancia, nos cambie es la forma más pura de adoración que experimentaremos jamás.

3. Amigos de fe: Todos necesitamos amigos cristianos que escuchen nuestro corazón y a quienes no les asuste llamar las cosas por su nombre. Tengo varias amigas en las que puedo confiar sabiendo que serán sinceras conmigo y me dirán la verdad cuando yo necesite oírla. Algunas de mis mejores amistades en la fe se formaron en mi grupo de mamás y luego, ya fuera del grupo, construimos relaciones

provechosas en las que nos rendimos cuentas. Aunque ya no estoy en ningún grupo de mamás, encuentro esas relaciones en la iglesia y en otros ministerios de los que formo parte. Cuando estoy lista para tirar la toalla con mi desafiante adolescente, mi amiga MarLo me suele decir: "Jill, Dios no nos da más de lo que podemos manejar. Puedes hacerlo". Es una paráfrasis de Filipenses 4:13: "Pues todo lo puedo hacer por medio de Cristo, quien me da las fuerzas" (NTV).

Adoración transformada

Cada mamá se enfrenta al reto de mantener la perspectiva de Dios en todo lo que hace. Sin embargo, cuando somos capaces de dejar que Él nos defina, nos moldee y nos transforme, veremos de forma diferente todo lo que hacemos cada día como madres. Y es que nuestro corazón —nuestra actitud— es lo que Dios quiere realmente, y por ello tenemos que estar dispuestas a dejar que Él realice un afinamiento de corazón o incluso una cirugía, cuando nuestra salud espiritual enferma a causa del pecado. Cuando nuestro corazón disfruta de buena salud, podemos vivir una vida de adoración verdadera.

Cuando lavamos la ropa con la actitud adecuada, eso es adoración. Cuando preparamos la comida para nuestra familia con la postura adecuada en nuestro corazón, es adoración. Cuando nos desviamos doce kilómetros de nuestro camino para llevarle el teléfono celular a nuestro marido, que se lo ha dejado en casa y lo hacemos con un corazón de gracia y perdón, eso es adoración.

Jesús vivió una vida de adoración. Su corazón tenía el filtro de Dios, y Él veía el mundo a través de sus ojos. Ojalá que nosotras, como madres, adoremos a Dios con nuestro corazón y con nuestra vida cada día.

Señor, dame tus ojos. Ayúdame a ver el mundo a través de tu perspectiva. Muéstrame cuándo estoy adorando a otros dioses en mi vida y ayúdame a mantener mis ojos fijos en ti, en todo lo que hago. Amén.

¿Puedo ir sola al baño, por favor?

Tropecé bajando las escaleras en mi temprano letargo de lunes por la mañana. Las mañanas no son mi fuerte, y me lleva bastante tiempo sentirme lúcida. Cerré la puerta del baño en mi primer viaje de la mañana. De inmediato oí a mi hija adolescente gritar mientras subía las escaleras: "Mamá, ¿lavaste mi ropa de gimnasia?". Unos segundos después era el hermano ligeramente más joven que ella que, desde un poco más abajo, me decía: "Mamá, si me vas a buscar más temprano hoy, necesito que me hagas un justificante". Apenas había estado un minuto completo en el baño antes de que Erica, de ocho años, llamara a la puerta para anunciarme que su hermano de dos estaba despierto y que se había manchado el pañal en algún momento de la noche.

Cerré los ojos y pensé: *¿Es que no puedo estar dos minutos a solas en el baño?*

Cuando Jesús caminó sobre esta tierra, la Biblia nos dice que "Numerosas multitudes lo seguían a todas partes" (Mateo 4:25, NTV). Ya sea que tengas un solo hijo o una casa llena de ellos, el concepto de que te sigan por todas partes es algo a lo que te tienes que adaptar cuando te conviertes en madre. Empieza justo después del nacimiento o la adopción. De repente, ya no puedes cruzar la puerta sin considerar las necesidades de este nuevo pequeño. Un simple viaje al supermercado requiere una pañalera con recambios suficientes y toda una serie de parafernalia para bebés.

Si añades más hijos a la familia, la multitud va aumentando con el tiempo. A medida que van creciendo, rara vez están dispuestos a embarcarse en alguna actividad sin un amigo a remolque. ¡Afrontémoslo! ¡Grandes multitudes nos siguen dondequiera que vamos!

Algunas madres disfrutan de esta constante actividad de los niños y sus amigos, y otras se sienten abrumadas y ahogadas por ella. Yo soy de las primeras, pero solo consigo manejarla durante un tiempo limitado. Por mis destrezas con las personas y mi aptitud para gestionar la mayoría de los entornos con facilidad, he dado por sentado que soy extrovertida. Sin embargo, conforme tuve una mejor sintonía conmigo misma, he descubierto que soy introvertida. He llegado a saber que los términos "introvertido" y "extrovertido" no tienen en realidad mucho que ver con las aptitudes de tu gente. Más bien están más relacionados con la forma en que te agotas emocionalmente y vuelves a cargar pilas. En pocas palabras, estar con personas recarga al extrovertido, y estar solo hace lo mismo con el introvertido.

Entonces, ¿qué debe hacer una madre de cinco hijos? Aprender a cuidarse a sí misma y a encontrar el tiempo de soledad que busca con desesperación, para alcanzar la renovación emocional que necesita con urgencia. He aprendido a hallar un cuarto de baño en mitad del día, o refugiarme en mi porche delantero durante la siesta de los niños o su tiempo de descanso. Le he pedido a mi esposo que lleve a los niños al parque de vez en cuando, para que yo pueda disponer de tiempo a solas en casa. He aprendido a apartar una noche, una vez a la semana, para pasear a solas o encontrarme con una amiga para tomar un café y un pastel. Esto no solo me beneficia a mí, sino también a mi familia. Cuando mi tanque emocional está lleno, soy más paciente, más eficiente y resulta mucho más agradable estar junto a mí.

Por el contrario, ¿qué hace una extrovertida madre de uno? Aprende a cuidar de sí misma, y busca un grupo de mamás del que poder formar parte. Invita a otra madre y sus hijos a comer sándwiches de mantequilla de maní y jalea. Organiza una salida nocturna de señoras para las mamás del vecindario. Y, aunque estar con personas le carga las pilas, una madre extrovertida sigue necesitando hallar momentos de tranquilidad para alimentar su alma.

Jesús buscaba deliberadamente el tiempo para renovarse. Sabía que su tiempo y su energía eran muy demandados y que tenía que ser un buen administrador de su cuerpo, su alma y su mente. Nadie le decía: "Jesús, ve a descansar", sino que Él reconocía su necesidad de apartarse de las multitudes y encontrar el refresco que necesitaba.

Como madres, es necesario que actuemos así. Las personas y las responsabilidades exigen mucho de nosotras, y tenemos que ser buenas administradoras de nuestro cuerpo, nuestra alma y nuestra mente. No podemos aguardar hasta quedar completamente secas o hasta que alguien se presente y nos ofrezca cuidar de nuestros hijos (¡como si eso ocurriera muy a menudo!). En vez de esto, debemos aprender a ser proactivas respecto a nuestro cuidado personal para que podamos estar preparadas para satisfacer las necesidades de nuestra familia.

Háblale a Dios de las exigencias que sientes sobre ti. ¿En qué crees que te asfixian? ¿Qué te desgasta? Derrama tu corazón delante de Él respecto a cómo te sientes y dónde piensas que tiran de ti en una docena de direcciones distintas. Después de todo, "grandes multitudes le seguían dondequiera que iba". Él te entiende de verdad.

Ora...

Gracias, Dios, por tener un corazón comprensivo. No tuviste demasiado espacio en tu vida, y con frecuencia siento que yo tampoco dispongo de mucho espacio personal en la mía. Gracias por tu ejemplo de renovación intencionada mediante el descanso y la oración, apartándote deliberadamente de las multitudes. Ayúdame a aprender a hacer lo mismo y a reconocer el beneficio para mi familia y para mí misma cuando lo hago. En el nombre de Jesús, Amén.

(Háblale a Dios de las exigencias sobre tu tiempo y tu deseo de aprender cómo ser más intencional respecto al cuidado

de ti misma. Solo conversa con Él como lo harías con cualquier amiga. Recuerda, Él es un Amigo que entiende).

Descubre...

Lee Mateo capítulos 5 y 6.
Pídele a Dios que te ayude a ver a Jesús bajo una nueva luz.

VERDAD...

A la mañana siguiente, antes del amanecer, Jesús se levantó y fue a un lugar aislado para orar.

MARCOS 1:35 (NTV)

CAPÍTULO 3

DESCUBRE LA VERDAD DE DIOS:
JESÚS FUE COMPASIVO Y TIERNO

La verdad sobre un espíritu amable

Erica empezó a entrar en pánico ante la perspectiva de la vacuna que estaba a punto de recibir. El temor que se apoderó de ella hizo que en su mente imaginara una situación más "terrible". Lloraba de un modo incontrolable y estaba a punto de hiperventilar. Yo quería tomar su rostro entre mis manos y decirle "cálmate". Mi paciencia se estaba desgastando con mi hija de diecisiete años que, en mi opinión, se estaba comportando como una de dos años. Justo cuando empezaba a soltar mi lengua, entró una enfermera que le había puesto una vacuna varios meses antes. Se arrodilló junto a ella y empezó a conversar con ella. Fue tierna, divertida y tranquilizadora. Su amabilidad y su sentido del humor aportaron una buena distracción a ese momento y, en pocos minutos, Erica se había calmado.

La compasión y la amabilidad habían ganado. Un corazón tierno y bondadoso había vencido al temor. Y yo me sentí culpable. Culpable de airarme enseguida y de no pensar siquiera en una forma tierna y amable de plantear la situación.

Nuestro ejemplo

Cuando conocemos a Dios como nuestro Salvador, iniciamos un viaje de toda una vida hasta convertirlo en nuestro Señor. La meta de ese viaje consiste en ser cada día más como Cristo. Existen varios ámbitos de mi vida en los que he sido capaz de hacerme fácilmente a un lado, para dejar que Cristo ocupe el asiento del conductor. He sido capaz de morir a mi carne sin demasiada lucha. Sin embargo, este rasgo particular de ser compasiva y tierna, y tener un espíritu amable será, probablemente, la expedición de toda una vida para mí.

Soy una persona directa, que dice las cosas como son. No trato con los sentimientos a menudo; a mi juicio no son fiables. A mí, dame hechos. Rebusco y tomo las decisiones basándome en el conocimiento y no en las emociones. Soy una pensadora analítica en lugar de una sensible emocional.

Sé que existen unas cuantas mujeres por ahí que funcionan como yo. No obstante, es probable que no seamos demasiadas. Este tipo de rasgos es más común en los hombres que en las mujeres. Pero esto no significa que Dios se equivoca. El diseño de mi personalidad es lo que me ayuda a ser la líder de Hearts at Home que Dios requiere que sea. Mi personalidad está formada del modo exactamente opuesto a la de mi esposo, que es más dulce y compasivo, y nos compensamos muy bien el uno al otro. Mi diseño emocional me ayuda a no tomarme las críticas de manera personal, algo muy importante cuando vives en la pecera de una familia dedicada al ministerio. Pero mi personalidad no me sirve de mucho cuando se trata de tener un espíritu dulce y sentir compasión o empatía por otra persona.

Dios no quiere que niegue a la persona que Él quiso que yo fuera cuando me creó, sino que quiere expandir quién soy para incluir más compasión, amor y misericordia. Esto es contrario a lo que me sale de forma natural y, en ocasiones, parece imposible. Sin embargo, ¡para Dios no hay nada imposible! (ver Mateo 19:26). Cuando nos volvemos más como Cristo, aprendemos a vivir menos en la carne —nuestra manera humana de ser— y más en el Espíritu, los caminos de Cristo.

Hay una historia en la Biblia que se conoce como "La mujer junto al pozo". Fue un tiempo en el que Jesús y los discípulos viajaban de Judea a Galilea. Por el camino tuvieron que atravesar Samaria. La información general que necesitas para esta historia es que Jesús era judío, y los judíos no se juntaban con los samaritanos. Y no solo eso, sino que, en aquella época, las mujeres apenas tenían valor. La mayoría de los hombres no se molestaban en hablarle a una mujer. Pero Jesús era distinto, claro está.

Jesús, fatigado del camino, se sentó junto al pozo... En eso llegó a sacar agua una mujer de Samaria, y Jesús le dijo:

—Dame un poco de agua.

... La mujer le respondió:

—¿Cómo se te ocurre pedirme agua, si tú eres judío y yo samaritana? (Lee la historia en Juan 4:4-30. Las partes citadas están tomadas de la NVI).

Jesús y la mujer siguieron conversando durante algún tiempo sobre el agua real y el agua viva. La primera apaga nuestra sed. Jesús usó la que ella había sacado del pozo a modo de analogía del agua viva que Él ofrecía y que sacia nuestra sed espiritual. Él fue dulce, paciente y amable cuando compartió con ella sobre esta agua viva que realmente representaba la vida eterna tan solo hallada en la relación con Cristo.

Después de conversar sobre el agua durante un momento, Jesús le dijo algo muy interesante:

—Ve a llamar a tu esposo, y vuelve acá.

—No tengo esposo —respondió la mujer.

—Bien has dicho que no tienes esposo. Es cierto que has tenido cinco, y el que ahora tienes no es tu esposo. En esto has dicho la verdad.

¿No es curioso? Con Jesús no hay secretos. Sabía que esta mujer había estado casada cinco veces y que el hombre con el que vivía en aquellos momentos ni siquiera era su esposo. A pesar de todo, Él conversó con ella de un modo que le permitía sacar aquello a relucir. No sacó el martillo del juez y dijo: "Mujer, ¡estás equivocada! ¿Qué haces conviviendo con un hombre con el que no estás casada? ¡Deja de buscar el amor en todos los lugares equivocados!". Por el contrario, Él fue amable y bondadoso; fue sacándole las palabras con su gracia y su misericordia, en vez de condenarla con su juicio y su enojo.

¡Oh, cuánto necesito aprender a ser más como Él! Con demasiada frecuencia salto a conclusiones y me lanzo a emitir juicios. Doy conferencias cuando debería escuchar. Permito que el enojo cubra la paciencia y la sabiduría. Y gestiono las cosas al estilo de Jill y no a la forma de Dios.

Una amiga mía compartió cómo su hija adolescente había llegado a casa ebria una noche, en su último año de escuela secundaria. Era algo muy poco usual en aquella chica, y tomó a su madre por sorpresa. Jamás había tenido que ocuparse de algo así con sus hijos mayores. Envió una oración flecha a Dios pidiéndole: "Señor, muéstrame qué hacer". Mi amiga es muy parecida a mí: una madre directa y tajante, que dice las cosas tal como son. Su forma normal de manejar esto habría sido enojándose y habría pasado al modo conferencia. Pero, de repente, en respuesta a su rápida oración, sintió una compasión increíble por su hija. Sintió cómo se apoderaba de ella una paz que solo podía explicar como la presencia y la dirección de Dios en su vida. Se sentó en la cama de su dulce hija y la sostuvo en sus brazos, mientras esta lloraba, lloraba y lloraba. El sentimiento de culpa, la decepción consigo misma, la realidad de defraudar a sus padres, todo se le vino encima de golpe mientras las lágrimas fluyeron durante casi una hora. Su hija sollozaba: "No puedo creer que estés siendo tan buena conmigo". La madre respondió con un "Solo con la fuerza de Dios". Más tarde, su madre explicó que fue una hora surrealista; fue casi una experiencia extracorporal. ¿Pero acaso ser como Cristo no es así? Abandonamos nuestras formas humanas (la carne) y buscamos la forma de actuar de

Fue una hora surrealista; fue casi una experiencia extracorporal. ¿Pero acaso ser como Cristo no es así? Abandonamos nuestras formas humanas (la carne) y buscamos la forma de actuar de Dios (el Espíritu). Cuando Dios está realmente en control, podríamos llegar a no reconocernos siquiera a nosotras mismas mientras Él nos dirija.

Dios (el Espíritu). Cuando Dios está realmente en control, podríamos llegar a no reconocernos siquiera a nosotras mismas, mientras Él nos dirija.

Aquella mamá contó que, en los meses que siguieron a este incidente, la relación entre ella y su hija se fortaleció, se desarrolló entre las dos una nueva confianza. Si la madre hubiera obrado según la carne, con toda seguridad se habría producido una sima. Al operar en el Espíritu, Él las unió y formó un vínculo más fuerte que nunca.

¿Recuerdas cuándo?

La empatía es una parte importante de la compasión. Significa identificarse con alguien o entender su situación, sus sentimientos o sus motivos. Es aprender a caminar en los zapatos de otro.

Toda madre ha sido adolescente una vez en su vida, pero sorprende cómo olvidamos la cuestión de las hormonas y las emociones con las que nos enfrentábamos durante aquellos años. Todas luchamos con una amistad en algún momento de nuestra infancia, pero ahora estamos tan lejos de esa experiencia que ya no recordamos cómo nos hacía sufrir. A veces necesitamos ralentizar y rememorar un poco, conectarnos con las experiencias y las emociones que una vez sentimos. Es necesario que dejemos de intentar dar respuestas para, en su lugar, dar comprensión. ¡Esto me cuesta tanto! ¡Soy una solucionadora de problemas! Sin embargo, a veces mi esposo, mis hijos y mis amigas no necesitan que les resuelva sus problemas. Solo precisan saber que no están solos. Necesitan saber que alguien ha atravesado una experiencia similar y ha salido adelante.

Durante los diez últimos años, mi esposo y yo hemos compartido en público sobre nuestras luchas matrimoniales. Hemos hablado sobre el dolor que causa la pornografía, el perjuicio producido por la crítica y la angustia que lleva al matrimonio el sexo prematrimonial. Por haber sido tan abiertos respecto a nuestros retos, también hemos tenido la oportunidad de servir de mentores a parejas que sufrían. Una de las partes más potentes en esa relación como mentores es que hablan con alguien que las entiende. La empatía construye confianza, y esta produce sinceridad.

A veces me he preguntado a mí misma por qué puedo empatizar tan bien en ese entorno cuando me cuesta tanto hacerlo con mis hijos y mi marido. De lo que sí me he dado cuenta es que está relacionado con el *tiempo*. Cuando Mark y yo conocimos a la pareja de la que somos mentores ahora, apartamos dos horas a la semana para revisar, escuchar y alentarlos. Rara vez le proporciono a cada miembro de mi familia ese tipo de atención especial. En realidad, la crisis suele ocurrir justo en torno a la hora de la cena, cuando siento que tengo otras responsabilidades que atender. O quieren hablar cuando los estoy metiendo en la cama y, llegada esa hora, estoy contando los minutos para estar "fuera de servicio" como madre. Ya sabes a lo que me refiero… es ese momento cuando respiras hondo y declaras: "Prueba conseguida". ¡Están todos en la cama, y puedo tener unos minutos para mí!". Pero entonces, ellos quieren conversar y mi paciencia se va agotando.

He tenido que aprender a no considerar esos momentos como interrupciones, sino más bien como citas con Dios. Son momentos que yo no he planificado, pero Él sí. Vemos a Jesús actuando así con bastante frecuencia. Cuando mantuvo su conversación con la mujer junto al pozo, no se detuvo en Samaria para verla. Él y sus discípulos hicieron una parada; algo parecido a detenerse en un área de descanso a lo largo de la interestatal. Pero Dios tenía una cita allí. No vemos a Jesús diciendo: "Oye, ¿no hay forma de escapar de este tema del ministerio? Solo quiero beber, tomar un respiro y que mi cuerpo descanse antes de viajar un poco más". En su lugar, Él capta la oportunidad que se le presenta. Para Jesús, el ministerio era la persona que tenía delante. Para ti y para mí es la persona que está frente a nosotros: nuestro marido, nuestro hijo, nuestra amiga, nuestro vecino.

Bajar de la nube

Antes de seguir, me parece muy importante recordar que, aunque estamos conociendo a Jesús como nuestro Amigo y aprendiendo a vivir a su manera, todavía seguiremos metiendo la pata a lo largo del camino. Ninguna de nosotras lo hará todo bien en todo momento.

Nos impacientaremos, la dulzura se escapará por la ventana, y nuestro enojo rebasará cualquier sentido de compasión en nosotras. Elegiremos palabras duras, de esas que salen con rapidez, en detrimento de las palabras de ternura que requieren tiempo para formularse en la mente. Conclusión: ¡Todas les daremos a nuestros hijos una razón para sentarse delante de un psicólogo algún día!

Lo estropearemos todo, porque somos humanas. Pero, como tenemos un Salvador, Dios nos ha proporcionado una forma de limpiar nuestras equivocaciones. La Biblia nos dice en 1 Juan 1:9: "Pero si confesamos nuestros pecados a Dios, él es fiel y justo para perdonarnos" (NTV). Es exactamente el mismo proceso que le recomendamos adoptar a nuestros hijos cuando cometen un error. Se dice: "Lo siento. ¿Me perdonas?". Sin embargo, en este caso no se lo estamos diciendo a otra persona, sino a Dios. ¿Y sabes cuál es su respuesta? Siempre "¡Sí!". Es absolutamente "¡Sí!" en todos los casos. Si nuestro corazón está de verdad arrepentido (lamentamos lo que hemos hecho, y que no solo nos pesa el haber sido pilladas), Él perdona y borra la pizarra dejándola limpia. "El Señor es muy compasivo y misericordioso" (Santiago 5:11, NVI). Experimentamos su compasión y su misericordia primero, y después somos capaces de transmitírselas a los demás.

Por tanto, cuando tú y yo metamos la pata (y lo haremos), tenemos que negociar primero con Dios. Es así como mantendremos nuestros corazones limpios y sensibles a la dirección del Señor. Si no nos encargamos del asunto, nuestro corazón se endurece, se amarga, se entumece, y dejamos de sentir la presencia de Dios en nuestra vida. Para ser más como Cristo, debemos tener un espíritu blando y abierto a Dios y a su verdad. Por tanto, cuidar de los asuntos de nuestro propio corazón con Él es vital para llegar a ser más compasivas y más como Cristo.

Algunas de nosotras luchamos con reconocer nuestros pecados, debilidades o fallos. Con demasiada facilidad, entramos en el juego de echarle la culpa a otro o intentamos rápidamente minimizar el error. El orgullo se cruza en el camino y nos mantiene endurecidas hacia Dios y su verdad. A través del reconocimiento de nuestras propias cuestiones y nuestra confesión delante de Dios, buscamos renovaciones internas que construyen nuestro carácter, pintan de nuevo nuestra perspectiva y reorganizan nuestros pensamientos para que se centren en Dios y no en nosotras. Ser más como Cristo es un trabajo de transformación continua.

Una vez negociado con Dios, podemos o no necesitar hacer lo mismo con los demás. Permíteme darte un ejemplo para ambas situaciones. Existen períodos en mi vida en los que avanzo y, de alguna manera, me olvido de hablar con Dios. La vida sigue bien y, mientras no haya crisis, sin darme cuenta quito a Dios del quemador frontal y lo paso al de atrás. "¿Y qué hay de malo en eso?", podrías preguntar. En realidad, muchas de nosotras estamos días y días sin orar. ¿Es esto verdaderamente un pecado? Bueno, es el pecado del orgullo, porque afirma: "Yo puedo hacerlo sola, gracias. No necesito tu ayuda, Dios". Cuando me doy cuenta de lo que ocurre en mi corazón y en mi mente, necesito ocuparme de negociar con Dios. Él es el único que se ha visto directamente afectado por mi pecado. Le hablo con humildad y le digo: "Dios, lamento mucho haber sido orgullosa en mi corazón. No quiero que esto sea así; quiero realmente la humildad y confiar más en ti que en mí. Es muy difícil actuar así, pero sé que no es imposible. Me arrepiento de mi orgullo. ¿Me perdonas?".

Pero supongamos que en mitad de la semana, o a los quince días, en que no oré, me siento muy irritable con mis hijos o soy muy crítica con mi esposo. Si no camino con Jesús y paso tiempo con Él, se hará realidad "Dime con quién andas y te diré quién eres", y con frecuencia se manifestará en mis interacciones con los demás. En este caso, empiezo tratando mi negocio con Dios, admitiendo mi orgullo y mi falta de oración, y pidiéndole perdón. A continuación me ocupo del asunto con mi familia, me disculpo por mi impaciencia, mi irritabilidad, por ser tan crítica y le pido perdón.

> Cuando nos damos cuenta de que no somos distintas a las personas que nos rodean —todas metemos la pata—, nos volvemos más tiernas y empáticas, porque nos pone a todas en el mismo plano.

Al permitir que Dios limpie nuestras equivocaciones con su

perdón, nos volvemos más humildes, más tiernas y nos perdonamos a nosotras mismas. Cuando nos damos cuenta de que no somos distintas a las personas que nos rodean —todas metemos la pata—, nos volvemos más tiernas y empáticas, porque nos pone a todas en el mismo plano. Tú y yo no podemos volvernos compasivas como Cristo, si no identificamos nuestras propias imperfecciones.

Cosas de mamá

Aquel día era como si todos me necesitaran. Mark precisaba mi ayuda con un evento en la iglesia. Anne me había llamado dos o tres veces. Evan había hecho lo mismo (Anne y Evan son mayores y ya no viven con nosotros). Erica se encontraba en sus últimas semanas del trimestre de primavera de su educación en el hogar. Austin y Kolya tenían tareas escolares que necesitaban ayuda. Yo me había acostado tarde varias noches seguidas, y la falta de sueño me estaba afectando más de lo que me habría gustado admitir. Había tenido mi tiempo con Jesús cada mañana, pero en algún momento en torno a las cinco de la tarde de aquel miércoles, lo perdí. No recuerdo cuál de los niños me pidió algo, pero no importa, porque me desmoroné cuando se cruzó en mi camino la vigésimo quinta petición de ayuda, y la mamá mentora se convirtió en la mamá monstruo. ¡Hablando de volver atrás y resolver una metedura de pata!

Aunque hice las cosas espirituales correctas para producir el espíritu dulce y tierno que anhelaba tener con mis hijos, no contaba con la resistencia emocional y física que sostuvieran la paciencia necesaria para que reinara la amabilidad. En resumen, estaba demasiado cansada y no tenía la energía que la dulzura requería. Y, créeme... ¡la dulzura, la ternura y la compasión exigen mucha energía física y emocional! Quedarse callada y tener paciencia requiere mucha más energía que perderla y gritar. Parecería que tuviera que ser al revés, pero el autocontrol demanda energía.

Donde quiero llegar es que el arte de cuidarnos a nosotras mismas juega con nuestra capacidad de ser dulce, tierna y compasiva. Es necesario que mantengamos nuestro depósito de combustible físico lleno de buen descanso, ya sea durmiendo una noche entera o haciendo siestas durante el día. Si tienes un bebé, te estarás preguntando cómo es posible que esto ocurra. Y si tienes un bebé y uno o dos niños pequeños, querrás saber si me he dado un golpe en la cabeza. Pero yo he pasado ya por eso. Con cinco niños en un espacio de trece años, tuve un bebé o un preescolar en nuestra casa durante diecisiete años seguidos. Lo que aprendí en aquellos años fue a hacer la siesta cuando el bebé lo hacía y a exigirles a mis preescolares que descansaran durante una hora al día. Ellos pensaban que lo hacía por ellos... ¡pero en realidad era por mí! También aprendí a obligar a mi cuerpo a meterse en la cama, aunque en ocasiones pareciera poco natural acostarse tan temprano. Esta era la forma proactiva de lograr el descanso que necesitaba, en lugar de depender de las siestas ocasionales para compensar las noches en que me acostaba tardísimo.

También necesitamos mantener nuestro tanque de combustible emocional lleno, creando "momentos de mamá" en nuestros frenéticos días. Un momento de mamá podría ser poner los pies en alto y leer un libro mientras los niños descansan (y sí, eso significa que tienes que dejar los platos sin fregar o el montón de ropa lavada pendiente de doblar para un poco más tarde). Un momento de mamá podría ser una salida nocturna con amigas o asistir a un grupo de mamás que ofrezca un programa de calidad para ti y un cuidado de calidad para tus hijos. Y un momento de mamá podría ser conversar unos minutos al teléfono o en línea con una amiga que te entienda.

A veces tienes que pedir ayuda para hallar un momento de mamá. De vez en cuando, le pido a una amiga que cuide de mis hijos para yo poder tomarme algún tiempo para mí o recuperar un poco de sueño. Le solicité a mi esposo una noche a la semana que fuera "la noche de papá" para los niños. Sabían que tendrían a papá solo para ellos, y yo sabía que podía depender de una noche para mí cada semana. Intercambié "días libres" con otra mamá para que cada una de nosotras tuviéramos un día de "momento para mamá" en semanas alternas. Los momentos para mamá no son egoístas, sino de automantenimiento, y una importante parte de cuidarnos para poder cuidar de nuestra familia con un espíritu compasivo y amable.

¡Quiero ser como tú!

—Mamá, tengo miedo —dijo mi hijo, estudiante de preescolar, que no quería que su madre abandonara su dormitorio después de arroparlo.

—No temas —lo tranquilizó mamá—, no estás solo. Jesús está contigo.

—Ya sé que Jesús está conmigo —replicó—, ¡pero esta noche necesito a alguien de carne y hueso!

Sé que resulta un poco abrumador pensar en ello, pero para nuestros hijos, nosotras somos Jesús en carne y hueso. Antes de que puedan entender quién es Jesús, tienen la oportunidad de experimentar su carácter por medio de nosotras. Por supuesto, no podemos ser perfectas como lo es Jesús; ¡no somos Dios! Sin embargo, podemos mostrarles a nuestros hijos cómo manejar nuestros fallos humanos bajo las alas del perdón y la gracia de Dios.

No hay nada más poderoso que tener un hijo que aspire a ser como su madre o su padre. Y es especialmente inspirador cuando sus padres anhelan ser como Jesús. Él era tierno, compasivo y amable en sus interacciones con otras personas. Ojalá deseáramos ser más como Él.

Dios, quiero ser más como tú, pero durante una parte muy grande del tiempo, parece que estoy atascada en mis maneras de obrar. Ayúdame a ser intencional respecto a cuidar de mí para tener la energía emocional y física, y poseer un espíritu amable y tierno. Quiero aprender a hacer preguntas en lugar de emitir juicio o exigir respuestas. Ayúdame a ponerme en la piel de otros. Recuérdame lo difícil que fue para mí estar en cuarto grado, y así poder ser más sensible con mi hijo. Llévame de vuelta a la escuela secundaria para recordar los retos de la presión de mis compañeros y así poder relacionarme mejor con mi hija. Ayúdame a pensar en el entorno en el que ha estado mi esposo durante todo el día, antes de arremeter con enojo porque olvidó algo que yo le pedí que hiciera. Gracias por ser mi ejemplo y mi Amigo que me entiende.

Perspectiva

Soy una persona muy solicitada

"¿Juegas conmigo a la pelota, mamá? Tengo que seguir practicando mi atrapada". "Mamá, ¿puedes lavar mi camiseta de campo traviesa? Tengo un encuentro esta noche". "Mamá, ¿podemos ir de compras hoy? Necesito un par de *jeans* nuevos. Todos los que tengo en mi armario me quedan pequeños". "Mamá, necesito que me ayudes a buscar en mi catálogo de clases para el semestre de otoño. Mañana tengo que inscribirme en línea". "Mamá, ¿puedes buscar hoy las flores de seda para los ramos de mis damas de honor?".

Lo creas o no, quienes me formularon cada una de estas preguntas fueron mis cinco hijos, con edades comprendidas entre los diez y los veintiún años, en un período de treinta minutos, un día de verano. Para cuando me lanzaron la pregunta número cinco, tenía ganas de gritar: "¡No doy abasto!". Está bien, seré sincera. No fue uno de mis momentos más santos. Creó que grité aquellas palabras y unas cuantas más. Después me mandé a mí misma a mi habitación, me calmé, me disculpé con mis hijos y les pedí perdón. Y la vida siguió adelante.[3]

En ocasiones parece, sinceramente, que no doy abasto. En mis momentos más débiles, me gustaría decir: "Mamá no está aquí. Dejó el edificio y no se la puede hallar". Pero la verdad es que soy muy solicitada. Ya sea ayudando a mi hijo a encontrar unas zapa-

3. Jill Sanders, *I'm Glad I'm a Mom* (Eugene, OR: Harvest House Publishers, 2007), p. 35.

tillas en el dormitorio, o a mi esposo a hallar el kétchup que está justo delante de él, en el refrigerador, mamá es quien tiene la respuesta.

Esta experiencia no le es poco familiar a Jesús. También Él estaba sumamente solicitado. Jesús, ¿puedes venir a sanar a mi hija? Jesús, ¿puedes convertir el agua en vino? Jesús, ¿puedes calmar la tormenta? ¡Jesús… Jesús… Jesús!

En mi casa, y estoy segura de que en la tuya también, es *¡Mami… Mamá… Mamaaaaaaaá!* Las personas siempre nos llaman o necesitan algo de nosotras. Cuando Jesús vivió en esta tierra, siempre lo llamaban y necesitaban algo de Él. En una ocasión, Jesús se había apartado para orar y algunos de los discípulos salieron a buscarlo. "Por fin lo encontraron y le dijeron: Todo el mundo te busca" (Marcos 1:37, NVI). ¿Puedes identificarte con esto? ¡Yo sí! Jesús era tironeado desde diferentes direcciones, y ese es un reto que tú y yo experimentamos muchas veces como mamás.

Sin embargo, al mirar la vida de Jesús, veo que, aunque había muchas personas que lo necesitaban, Él no suplió todas sus necesidades. Muchos clamaron a Él, pero Él no pudo responder o eligió no hacerlo. En su humanidad, a veces simplemente no había suficiente de Él para responder y, como señalamos anteriormente, Él conocía también sus limitaciones físicas. La Biblia nos dice: "Jesús encargó a sus discípulos que prepararan una barca para que la multitud no lo apretujara. Ese día sanó a tanta gente que todos los enfermos empujaban hacia adelante para poder tocarlo" (Marcos 3:9-10, NTV). Había demasiada gente, y Él no podía suplir todas sus necesidades. En un momento concreto, tuvo que dar por finalizada la noche y apartarse de las multitudes, aunque hubiera algunas necesidades sin satisfacer.

Ni tú ni yo podemos suplir todas las necesidades que nos rodean. Hemos de conocer nuestras limitaciones. A veces debemos decir que no. Algunas de nosotras tenemos que soltar nuestras tendencias perfeccionistas e irnos a la cama dejando los platos sucios en la encimera o la ropa sin doblar. Si Jesús no satisfizo todas las necesidades a su alrededor, ¿por qué creo que tengo que ser capaz de resolver todas las necesidades de quienes me rodean? Estoy empezando a entender lo poco realista de esta actitud.

Piensa en esto durante unos minutos. Habla con Dios sobre ello. Y mientras lo haces, date un respiro. Nuestro Amigo Jesús comprende las exigencias a las que nos enfrentamos, pero también entiende que no podemos satisfacer siempre cada necesidad que surja a nuestro alrededor.

Ora...

Jesús, gracias por tu capacidad de empatizar con nuestra experiencia de estar tan solicitadas. A veces me siento superada en número y, en otras ocasiones, parezco estar entumecida. Ayúdame a conocer mis limitaciones y a vivir dentro de ellas. Muéstrame cómo pasar tiempo contigo de tal manera que me proporcione la energía necesaria para la exigente tarea de la maternidad.

(Tómate unos momentos para hablar con Dios de forma verbal o por escrito sobre todas las personas que te necesitan y sobre tus pensamientos y sentimientos respecto a suplir dichas necesidades).

Descubre...

Lee Mateo capítulos 7, 8 y 9.
Usa un marcador fluorescente para señalar cualquier cosa que parezca saltarte a la vista de manera personal.

VERDAD…

Todo lo puedo en Cristo que me fortalece.

Filipenses 4:13

CAPÍTULO 4

DESCUBRE LA VERDAD DE DIOS:

JESÚS SE ENOJABA

La verdad sobre los límites

Se suponía que tenía que ir a llevarle la cena a una mujer de la iglesia que acababa de dar a luz. El día previsto para hacerlo, Austin tenía fiebre. Lo dejé en casa con su hermana, mientras yo asistía a una reunión madre-profesor, relacionada con nuestro hijo Kolya, quien, como estudiante de inglés como segunda lengua, había tenido una pelea en la escuela. Tras la reunión, dejé un par de cajas en la oficina de Hearts at Home para ser enviadas por correo. De camino a casa, me detuve a buscar unas cuantas cosas que precisábamos, y recordé que Mark necesitaba que le preparara comida para una reunión de la que él sería el anfitrión al día siguiente. Realicé mis compras y me dirigí a casa. Una vez allí, Erica necesitó ayuda con sus tareas escolares, y Austin solo quería que mamá se sentara en el sofá con él, frotándole la espalda y viendo una película. Cuando llegó Mark, me sentía bastante orgullosa de tener la cena en el horno, en vista de la locura del día que había tenido. Cuando nos sentamos a cenar, las palabras de Mark hicieron que me detuviera en seco: "Jill, esta cena está exquisita. ¿Es esto lo que le has llevado esta noche a la familia de Amanda?". Me ahogué con la comida que acababa de meterme en la boca, al emitir un grito. En medio de todo lo ocurrido, ¡se me había olvidado por completo llevarle la cena a la reciente mamá! Me horrorizó imaginármelos sentados esperando que yo les llevara la comida, algo que debería haber ocurrido hacía ya más de una hora. Me precipité hacia el teléfono y marqué el número de Amanda, disculpándome sin cesar y ofreciéndoles pedir una pizza para que la entregaran en su casa. Aquella dulce y joven mamá fue muy gentil y me tranquilizó diciéndome que tenían tantas sobras de otras comidas que les habían llevado, que ya las habían calentado y habían cenado. Me sentí fracasada. ¿Cómo había podido olvidarme de algo que había prometido hacer por otra persona? Cuando valoré lo ocurrido durante los días siguientes, caí en la cuenta de que no tenía nada que ver con ese día en particular, sino con tantas cosas de las que ocuparme en general. Tenía tanto que hacer aquella semana, que no debí comprometerme a llevar la comida. Necesitaba establecer ciertos límites y, después, tenía que atenerme a ellos.

Trazar la línea

> Se acercaba la fecha de la celebración de la Pascua judía, así que Jesús fue a Jerusalén. Vio que en la zona del templo había unos comerciantes que vendían ganado, ovejas y palomas para los sacrificios; vio a otros que estaban en sus mesas cambiando dinero extranjero.
>
> Jesús se hizo un látigo con unas cuerdas y expulsó a todos del templo. Echó las ovejas y el ganado, arrojó por el suelo las monedas de los cambistas y les volteó las mesas. Luego se dirigió a los que vendían palomas y les dijo: «Saquen todas esas cosas de aquí. ¡Dejen de convertir la casa de mi Padre en un mercado!». Entonces sus discípulos recordaron la profecía de las Escrituras que dice: «El celo por la casa de Dios me consumirá» (Juan 2:13-17, NTV).

Esta es una ocasión en la que vemos a Jesús enfadado. Le desagradó profundamente la forma en que se estaba usando aquel lugar de adoración. No se honraba a Dios y se daba mal uso a lo que se consideraba sagrado. En sus actos de limpieza del templo, Jesús estaba poniendo en marcha un límite. Estaba trazando una línea, dirigida por el propósito y el entusiasmo, las dos cosas necesarias para dibujar líneas saludables de demarcación también en nuestra vida.

El propósito de Jesús era llevar la salvación a un mundo perdido. Él se convirtió en el sacrificio vivo que conectaría, en última instancia, a un mundo perdido con el Dios que lo había creado. Sabiendo que su misión era morir en la cruz para que nosotros pudiéramos vivir, proporcionó un objetivo claro y entusiasmo por la verdad. Todo lo que hizo fue a través de su filtro de pasión y propósito. Y, una vez más, fue modelo para nosotras de cómo vivir en esta tierra.

Pero solo soy una mamá… ¿Cuáles son mi pasión y mi propósito?

Jesús sabía cuál era su misión aquí en la tierra. La visión y la energía con las que persiguió ese objetivo formaron su pasión. Caminó cada día de su vida con ese entendimiento.

Tú y yo necesitamos con urgencia saber cuál es nuestro propósito, y perseguirlo con apasionada energía y visión. Pero la mayoría de nosotras no tenemos ningún sentido de propósito en nuestras responsabilidades diarias como madres y nos resulta difícil ser apasionadas respecto a realizar una y otra vez las mismas tareas, cada día. Este es el reto de la maternidad al que nos enfrentamos cada una de nosotras.

Cuando acababa de convertirme en madre, me encontraba en plena consecución de mi diploma universitario. Me casé en verano, justo después de mi primer año de universidad, y descubrí que estaba encinta exactamente once meses después. Esperaba a Anne durante el segundo semestre de mi tercer año universitario.

Como tenía que nacer en febrero, me retiré durante el semestre de primavera para tenerla y volví durante el otoño. Tenía los ojos puestos en mi diploma, y nada —ni siquiera la maternidad— se interpondría en mi camino. Pero en el primer semestre de mi último año, supe que estaba embarazada otra vez, y Evan llegó el día de mi ceremonia de graduación. Sobra decir que no participé en la entrega de diplomas, pero recibí tan ansiado certificado por correo. Sabía cuál era mi propósito: ¡Había estado trabajando durante cuatro años y medio para conseguirlo! Se suponía que me había preparado para ser profesora de música y no me veía dedicándome a ninguna otra cosa.

Después de mudarnos de Indiana a Illinois, para que mi marido pudiera prepararse para el ministerio a tiempo completo, volví a encontrarme en un aprieto. Me había formado para enseñar música, pero no había ningún empleo en la enseñanza de mi especialidad en ninguna parte, en un radio de cuarenta y ocho kilómetros de nuestro nuevo hogar en Illinois. “Dios mío… pero ¿qué voy a hacer? Durante los pasados cinco años me he estado preparando para enseñar, y ahora no hay trabajo. Mark está en la escuela a tiempo completo, y yo tengo que aportar los ingresos para que podamos vivir. ¿Qué quieres que haga?”.

He oído decir que si quieres escuchar reír a Dios, le cuentes tus planes.

Me lamenté de estas cosas delante de Dios durante varios meses. En su momento, Él me mostró su plan para aquel tiempo: yo tenía que crear una guardería y un estudio privado de música en mi casa. Ambas cosas proporcionarían el sustento y no me exigirían tener que encontrar quien cuidara de mis hijos durante el día. En mi mente, este era el Plan B, pero pronto llegué a entender que en la mente de Dios era el Plan A. He oído decir que si quieres escuchar reír a Dios, le cuentes tus planes. Estoy pensando que durante aquel período de tiempo, Él debió de revolcarse de risa por el suelo a mi costa, tanto que lloraría de risa.

Tras un año en el que no solo me ocupé de mis hijos, sino también de media docena más de niños, empecé a atisbar el valor de estar en casa… al menos por un tiempo. Tras mucho debate y oración, Mark y yo decidimos que me quedaría en casa hasta que los niños estuvieran escolarizados. Era un gran plan, ¡solo que seguimos teniendo hijos! ¡Cada vez que teníamos uno preparado para el preescolar, el palito se ponía azul! ¡Acabé teniendo un estudiante de preescolar en casa durante diecisiete años seguidos! ¡A ese ritmo, me iba a pasar el resto de mi vida en casa!

Sin embargo, en algún punto del camino empecé a considerar ser madre de un modo distinto. Dejé de verlo desde la perspectiva de un espacio temporal donde aguardaba para realizar mi profesión "verdadera" en la enseñanza y comencé a tomarlo como mi profesión. Me tomé más en serio mi maternidad y las responsabilidades de crear un hogar y establecer metas para mis hijos y para mí misma; me volví una esposa y una madre mucho más comprometida. Dejé de buscar un sentimiento de realización a corto plazo y fijé mis ojos en una meta a muy largo plazo: criar a unos adultos responsables, respetuosos y amorosos. Mi propósito quedó claro, y creció mi pasión por la profesión de madre.

Por haber entendido mi propósito, me resultó más fácil establecer límites como Jesús. Cuando un amigo me ofreció un trabajo a tiempo parcial, le dije que no necesitaba otro trabajo, ya tenía uno. Cuando nació nuestro cuarto hijo, abandoné la enseñanza privada de voz y piano. Mi pasión por la profesión de la maternidad era ahora más fuerte que mi deseo de enseñar. Tenía una visión y una energía por la maternidad que se convirtió en un filtro a través del cual tomaba todas mis decisiones.

Los límites son saludables

La mayoría de nosotras tenemos problemas para trazar líneas en nuestra vida. Nuestro deseo de complacer a otros eclipsa nuestra capacidad de ser fieles a nosotras mismas. El trazado de líneas es, en realidad, algo saludable. Los doctores Henry Cloud y John Townsend declaran, en su libro superventas *Límites,* que "es necesario tener sabiduría para saber qué cosas deberíamos hacer y cuáles no. No podemos hacer todo".[4]

Jesús lo sabía y vivió según el principio de los límites. Despidió a la multitud y pasó tiempo con su Padre (Mateo 14:22-23). Le dijo al joven noble rico que no podía ayudarle hasta que no se desprendiera del dinero que lo controlaba (Mateo 19:16-21). Se negó a realizar milagros solo porque el rey Herodes así lo esperaba (Lucas 23:8-9).

---

4. Henry Cloud y John Townsend, *Límites* (Miami, FL: Editorial Vida, 2006), p. 27.

Afirmó, asimismo, que debemos amar a Dios y a nuestro prójimo como a nosotros mismos (Mateo 22:37-40). Una forma de aprender a amarnos a nosotras mismas es estableciendo límites.

Al saber que mi propósito como madre es criar adultos moralmente responsables, respetuosos y amorosos, puedo permitir que mis hijos experimenten las consecuencias naturales de sus malas elecciones. No asumo la responsabilidad de estas, sino que permito que lo hagan ellos. Este es un límite saludable.

Al saber que mi propósito como creadora de un hogar es centrarme en mi casa y en mi familia, no acarreo una falsa culpabilidad por decir que no cuando me piden tiempo como voluntaria, porque mi tiempo ya está todo comprometido. Este es un límite saludable.

Al saber que mi propósito como esposa es invertir en mi matrimonio, y amar y respetar a mi esposo, no me siento culpable cuando tengo que decir que no a un grupo de mamás que me solicita hablar un viernes por la mañana. Los viernes son nuestro día de cita para nuestro matrimonio. Ese es un límite saludable.

Decir "no" es tan importante como decir "sí". Demasiados *síes* y pocos *noes* resultan en una vida sin equilibrio.

Aprende a decir "no"

Jesús se negó cuando su madre y sus hermanos intentaron usar su relación con Él para apartarlo de las personas a las que ministraba (Mateo 12:46-50). Jesús le respondió que no a Pedro y a los discípulos que creían que Él tenía que ser un rey político o un guerrero militar, y no un Salvador que fuera a la cruz por nosotros (Mateo 16:23). Y también le dijo "no" al rey Herodes cuando este le pidió un milagro solo para su entretenimiento (Lucas 23:8-9). Siguiendo su ejemplo, sabemos que también es perfectamente adecuado aprender a decir "no".

En mi libro *Madre de profesión*, comparto varias sugerencias para aprender a decir que no. Comprender estas estrategias nos ayudará a seguir el ejemplo de Jesús.

1. Ten en mente que sabes lo que es mejor para ti y tu familia.

   Con muchas madres trabajando fuera de casa, existen menos

voluntarios en la escuela, la iglesia y la comunidad que estén disponibles durante el día. Por tanto, es probable que las mamás que se quedan en casa sean solicitadas con más frecuencia, sencillamente porque se percibe que son las que tienen mayor disponibilidad. Recuerda que nuestra familia es nuestro primer ministerio, incluso por encima de las actividades de la iglesia.

2. No respondas nunca que sí de inmediato. Responde siempre que llamarás de vuelta una vez hayas tenido tiempo de orar y pensar en ello. Esto te impide tomar una decisión en el acto que puedas lamentar más tarde. Puedes negarte de inmediato si sabes que esa postura o responsabilidad es incorrecta para ti.
3. Al considerar un compromiso que requiera de tu tiempo, asegúrate de tener en cuenta el tiempo de preparación. La mayoría de nosotras infravaloramos el tiempo que lleva realmente realizar una tarea. Si se te ha pedido que hornees cinco docenas de galletas, mira el calendario y determina si de verdad tienes esa cantidad de tiempo disponible antes del momento señalado para la entrega de las galletas.
4. Al considerar tus compromisos a largo plazo, **asegúrate de tener en cuenta todas tus responsabilidades para con tu familia** y las restricciones de tiempo que las acompañan. Puede parecer que convertirse en presidente de una organización en la que crees de verdad no te tomará demasiado tiempo. Sin embargo, tras unos cuantos meses, las llamadas telefónicas, las reuniones y los recados habrán empezado a absorberte el tiempo que antes usabas para lavar la ropa, limpiar la casa o pagar las facturas. Son tareas importantes que necesitan estar integradas en tus responsabilidades semanales y diarias. No permitas que tus obligaciones familiares sean sacrificadas por las del voluntariado.
5. Considera con cuidado el "espacio cerebral" que esta responsabilidad requerirá. ¿Te ha sucedido alguna vez estar escuchando a tus hijos, pero estar pensando, en realidad, en

un nuevo proyecto o en los centenares de cosas que necesitas hacer? Cuando tu mente está desordenada, no estás mentalmente disponible para tu familia.

6. Recuerda que no tienes por qué programar cada minuto de tu día. Si tienes la mentalidad de una persona dinámica, pensarás que una hora suelta o dos es una forma de encajar otro "sí". Sin embargo, necesitamos algún tiempo para no hacer nada. Si fuera necesario, incluye en tu programa un tiempo de inactividad cada día. Anótalo en tu calendario y niégate a cualquier cosa que pudiera ocupar ese tiempo.

7. Establece un límite al número de compromisos a largo plazo de los que te tengas que ocupar. Por ejemplo, en la organización Hearts at Home, alentamos a las mujeres a no tener más de un gran compromiso de voluntariado y otro pequeño a largo término. Si tuvieran que aceptar otro, les aconsejamos que abandonen uno de los anteriores. Limitar tus compromisos a largo plazo permite más tiempo para ayudar en proyectos de servicio a corto plazo. Es más probable que tengas tiempo para hornear galletas para la clase de tu hijo o ser la ayudante de un profesor durante las vacaciones de la escuela bíblica si adoptas un planteamiento así.

8. Rinde cuentas. Pídele a tu esposo, a una amiga cercana o a tu grupo de estudio bíblico que te pida cuentas por el número de compromisos que has asumido. Ten una actitud abierta a su percepción. Si te cuesta decir que no, pídeles que te ayuden durante los primeros meses, mientras equilibras de nuevo las cosas. Cuando le digas a alguien que lo volverás a llamar, verifica con la persona a la que rindes cuentas antes de dar una respuesta. Organiza con ellas tu programa. Con el tiempo, ya no necesitarás su ayuda, pero te resultará útil mientras aprendes a decir que no.

9. Cuando digas que no a algo, no te sientas obligada a dar una larga lista de excusas. Sabes lo que es mejor para tu familia y

para ti. Si sientes la necesidad de recurrir a una excusa, sencillamente di que no encaja en tu programa en ese momento.

10. Ten en mente que no estás obligada a acceder sencillamente porque tengas la capacidad de hacer algo. Es posible que tengas firmes aptitudes de liderazgo y, por eso, te pidan que dirijas prácticamente todo aquello en lo que te veas involucrada. Esto no significa que tengas que decir que sí a esas responsabilidades. Solo deberías acceder una vez considerada tu disponibilidad de tiempo, otras responsabilidades de voluntariado, tus compromisos familiares y lo que podrías tener que dejar de lado para realizar esa tarea de la forma adecuada. Por supuesto, por encima de todo, solo deberías aceptar después de orar y buscar la voluntad de Dios.

11. Si ahora mismo no das abasto, vuelve a evaluar tus prioridades. Determina qué responsabilidades tienes que soltar. Avisa con un mes de antelación a esas organizaciones de que no podrás seguir sirviendo. Aunque puede ser difícil abandonar una responsabilidad, no le estás haciendo ningún bien a la organización ni a tu familia cuando no puedes comprometerte por completo con la tarea. Tan pronto como sueltes algunas de las responsabilidades que llevas, introduce nuevos límites para tu tiempo. No permitas verte sobrecargada de nuevo.

12. Recuerda que decir que no permite que otros tengan la oportunidad de decir que sí. No les quites a otros las oportunidades de servir. No olvides sacar tiempo para invitar a una amiga, llevar a tus hijos al parque, escribir una carta o tener una cita con tu esposo. Por lo general, no solemos programar este tipo de actividades, pero son las primeras sacrificadas cuando tenemos excesivos compromisos.

Recuerda que decir que sí a algunas actividades fuera del hogar será importante para tu cordura. Las madres de niños pequeños necesitan salir de casa para socializar y pensar en algo que no sea pañales, biberones y cupones. Contrario a la creencia popular, tu cerebro no se convertirá en papilla; solo te lo parecerá a veces. Es necesario que elijamos con cuidado aquellas actividades en las que involucrarnos, para darle un uso sabio a nuestro tiempo. Te asombrará la paciencia que tendrás con tu familia cuando halles el equilibrio en tu programa de actividades.[5]

¿Está bien enojarse?

Aunque el ejemplo más conocido del enojo de Jesús fue cuando limpió el templo de quienes vendían con abuso, es muy posible que existieran otros momentos en los que experimentara el enfado, una ira piadosa y justa. En Marcos 3:5 leemos que "Jesús se les quedó mirando, enojado y entristecido por la dureza de su corazón" (NVI). Solo vemos unos cuantos ejemplos de Jesús enojado, pero en otras ocasiones se exasperó o frustró con otros, ¡de manera específica con los discípulos (ver Mateo 15:16)!

El enojo es una emoción humana normal, y Jesús experimentó ese sentimiento como nosotras. La única diferencia entre nuestra ira y la suya es que Él no pecó cuando se airó.

Jesús era tan humano como tú y como yo. El enojo es una emoción humana normal, y Jesús experimentó ese sentimiento como nosotras. La única diferencia entre nuestra ira y la suya es que Él no pecó cuando se airó. A veces, tú y yo pecamos cuando nos enfadamos. El enojo es una emoción dada por Dios, aunque pecar en nuestra ira alude a nuestra forma de actuar en dicha emoción. Es posible enfadarse y no pecar. Requiere gran cantidad de autocontrol… ¡pero no es imposible!

El enfado de Jesús cuando limpió el templo fue una ira justa, y esta es una manera eficaz de determinar los límites. Ciertamente, hay momentos en los que *deberíamos* enojarnos. La ira justa se pronuncia en contra de la injusticia. En realidad, toma partido por Dios,

5. Jill Savage, *Professionalizing Motherhood* [*Madre de profesión*] (Grand Rapids: Zondervan, 2002), pp. 55-58. Publicado en español por Editorial Vida.

porque si algo enfada a Dios también debería enojarnos a nosotros. La injusticia y la inmoralidad deberían enfurecernos... airarnos lo suficiente como para hacer algo al respecto y mantenernos firmes en la verdad de Dios.

Barreras de amor

Muchas de nosotras tenemos una imagen desequilibrada de Dios. Solo vemos el lado tierno del amor y luchamos con equilibrar el lado duro del amor. Incluso aprendiendo a amarnos a nosotras mismas, encontramos un lado tierno del amor en el que practicamos el arte de cuidarnos, pero vemos un equilibrio en el lado duro del amor, en el que aprendemos a reconocer que establecer límites es, en realidad, un acto muy amoroso.

El enojo de Jesús al limpiar el templo surgió de su amor por su Padre. Le importaba bastante como para trazar una línea y declarar: "Esto no está bien". Cuando despidió a las multitudes para poder pasar tiempo con Dios, fue un acto de amor hacia el Padre y hacia sí mismo. También amaba a las personas, pero sabía que no podría darles nada si Él estaba vacío. Necesitaba pasar tiempo con el Padre para ser capaz de ministrar con un tanque espiritual y emocional lleno.

Como madres, a veces lo más amoroso que podemos hacer por nuestro hijo es decirle que no. Muchas de nosotras usamos un parque o corralito, o una puerta de seguridad con nuestros hijos más pequeños. Estos maravillosos inventos podrían denominarse, en realidad, "barreras de amor". Una madre que usa una "barrera de amor" está negándose a dejar ir al niño donde él quiera, porque podría ponerse en peligro o hacerse daño. Una madre que le dice que no a su hija, estudiante de sexto grado, que quiere tener una cita con un chico de la escuela secundaria, la está amando al ponerle un límite. Los padres que establecen un toque de queda para su hijo, estudiante de la escuela secundaria, le están diciendo que no a estar fuera toda la noche, porque lo aman. Los límites son amor... establecidos porque amamos a Dios, nos amamos a nosotras mismas y amamos a los demás.

Dios, ayúdame a ver los límites como algo bueno para mi vida. Con demasiada frecuencia vacilo a la hora de trazar líneas en mi vida. Quiero caerles bien a los demás y temo no gustarles si digo que no. Ayúdame a preferir complacerte a ti y no a las personas. Gracias por el ejemplo de tu Hijo… haz que llegue a ser cada día más como Él.

Perspectiva

¿Existe el sueño ininterrumpido?

Era viernes por la noche. Nuestros chicos estaban en la cama, y nuestras dos hijas estaban fuera de casa. Erica, ya en secundaria, pasaba la noche en casa de una amiga. Para ella era una experiencia extraña ya que, con frecuencia, en otras ocasiones había llamado a casa en mitad de la noche pidiendo regresar. Yo había hablado con ella antes, aquella noche, después de que disfrutara de una agradable cena fuera con sus amigas.

El teléfono sonó poco después de la medianoche. Mark y yo llevábamos alrededor de una hora durmiendo. Agarré el teléfono como una loca y escuché la llorosa voz del otro lado de la línea.

—Mamá, quiero irme a casa —dijo entre sollozos.

Mark ya había salido a trompicones de la cama y se estaba poniendo sus *jeans* y las zapatillas.

—Está bien, Erica, papá estará ahí en unos minutos.

—¡Mamá! —replicó ella—. ¡No soy Erica! Soy Anne. Papá no puede venir por mí. ¡Estoy a cinco horas de casa!

Yo pensaba que una vez que mis hijos hubieran dejado de ser bebés o niños pequeños, el poder dormir toda la noche era algo que estaba a punto de llegar. He llegado a comprender que, probablemente, no sea realista esperarlo ¡hasta que el nido esté vacío! Incluso en los años de la adolescencia, espero para asegurarme de que mi hijo esté en casa a la hora señalada, o respondo una inesperada llamada telefónica de mi estudiante universitario que sigue estudiando duro a media noche porque tiene un examen. Durante la escuela primaria y los años de preescolar, me encontré a menudo con un niño enfermo o alguien que había tenido una pesadilla. Con tres niños que padecen de asma, he tenido ya mi buena parte de tratamientos nebulizadores a las tres de la mañana. Por supuesto, cuando hay un bebé en casa que tiene que comer cada tres horas, el sueño ininterrumpido se convierte en un recuerdo lejano del pasado.

¿Anhelas sueño ininterrumpido, aunque solo sea una noche? Estoy segura de que hubo momentos en que Jesús también se sintió así. Una noche, Él y sus discípulos cruzaban el lago tras un largo día de enseñanzas. "Pronto se desató una tormenta feroz y olas violentas entraban en la barca, la cual empezó a llenarse de agua. Jesús estaba dormido en la parte posterior de la barca, con la cabeza recostada en una almohada. Los discípulos lo despertaron: '¡Maestro! ¿No te importa que nos ahoguemos?', gritaron" (Marcos 4:37-38, NTV). Me encanta esa imagen. La descripción no solo era que Jesús dormía, ¡sino que su cabeza estaba sobre una almohada! ¿Y qué hicieron los discípulos? ¡Lo despertaron! ¿Qué hacen nuestros hijos cuando nuestra cabeza reposa sobre la almohada? ¡Nos despiertan!

Tal vez, como yo, nunca habías pensado en que Jesús sabe lo que es trabajar duro todo el día y anhelar recostar la cabeza sobre una almohada y disfrutar de una buena noche de sueño, para que lo despierten de forma abrupta. Tómate unos cuantos minutos para meditar en cómo podía ser un día y una noche en la vida de Jesús. Habla con Dios sobre las cosas que te acechan por la noche. Y maravíllate de que, aunque solo sea una conversación de almohada, Jesús es un Amigo que te entiende.

Ora

Jesús, gracias por los más ínfimos detalles incluidos en los libros biográficos de la Biblia. ¡Tú pusiste la cabeza sobre una almohada! Estabas cansado, pero incluso, en medio de la noche, ¡tuviste que sacrificar tus necesidades! Sabes cómo me siento. Gracias por comprender mi vida, hasta los más pequeños detalles.

Descubre…

Lee Mateo capítulos 10 y 11.
Gran parte de estos capítulos son las propias palabras de Jesús.
Conforme leas, personaliza lo que Jesús te dice de manera específica.

VERDAD…

Venid a mí todos los que estáis trabajados
y cargados, y yo os haré descansar.

MATEO 11:28

CAPÍTULO 5

DESCUBRE LA VERDAD DE DIOS:
JESÚS SE SACRIFICÓ

La verdad sobre el sacrificio

¡*Sencillamente no puedo creer que tu piel se estire así!*, dijo un día mi esposo cuando me encontraba en mi noveno mes de embarazo. Sinceramente, yo tampoco podía creerlo. Hacía ya mucho que no podía verme los pies, tenía los tobillos hinchados y decididamente me sentía como una ballena varada. Era mi cuarto embarazo... lo normal era pensar que ya lo habíamos visto todo, pero la realidad de lo que la nueva vida le hace a un viejo cuerpo sigue siendo un milagro (¡o una burla!) digno de contemplar. No podía dormir cómodamente, sufría terribles indigestiones y me sentía abatida por completo; pero solo unos días después teníamos a nuestro nuevo bebé en brazos. El sacrificio había merecido la pena.

Seis años después, Mark y yo estábamos sentados en una destartalada sala de tribunal ante un juez ruso. Tras meses de papeleo, gastos y horas inimaginables, estábamos a punto de añadir otro hijo a nuestra familia, esta vez por medio de la adopción. Sabíamos que Kolya pertenecía a nuestra familia; ahora teníamos que convencer al juez de ello. El juez no podía comprender por qué queríamos a un niño ruso de nueve años, cuando teníamos ya cuatro propios en

Estados Unidos. Tras muchas horas contestando preguntas con la ayuda de un traductor, el juez accedió por fin a firmar los papeles. El sacrificio de miles de dólares y horas había merecido la pena. Aaron Nikolai se convirtió en un Savage.

La realidad del sacrificio

Maternidad y sacrificio… ambos términos son sinónimos. Si has llegado a la maternidad de manera biológica o mediante la adopción, descubrirás muy pronto que el sacrificio forma parte de la tarea. Para la mayoría de nosotras, el sacrificio comienza con el embarazo o esos primeros pasos hacia la adopción, pero para las madres que se enfrentan a la infertilidad, este empieza meses y hasta años antes.

Me resulta curioso que el término raíz de "sacrificio" sea *sagrado*, una palabra que significa "digno de respeto" o "considerado con reverencia". Otro significado de "sagrado" es "algo que se hace o se declara santo, o asociado con la divinidad". Entender esto nos lleva justo a nuestro ejemplo de sacrificio: Jesucristo.

Para entender la vida y el sacrificio supremo de Jesús, tenemos que regresar al principio… el origen de los tiempos. En la primera página de la Biblia, en el libro de Génesis, todo empieza con Dios cuando crea el cielo y la tierra, el agua y la tierra seca, la luz y la oscuridad, y, finalmente, al hombre y a la mujer. Estos vivían en ese lugar perfecto llamado jardín del Edén. Era un lugar donde mantenían una relación perfecta con Dios y el uno con el otro, y donde se satisfacían todas sus necesidades físicas.

Dios les dio libre albedrío a Adán y a Eva. En otras palabras, los creó para vivir según su designio y de acuerdo con sus caminos, pero les permitió elegir por su cuenta. Dios les dio pleno acceso al jardín, y solo estableció un límite: no podían comer de uno de los árboles, el Árbol del conocimiento del bien y del mal. Los límites de Dios son siempre para protegernos. Incluso en este caso, Él estaba protegiendo a Adán y a Eva de tener un conocimiento que les complicaría la vida y les presentaría el concepto de la muerte.

Un día, Satanás tentó en el jardín a Adán y a Eva para que comieran del árbol prohibido, y ellos se tragaron el anzuelo de sus mentiras, el sedal y el plomo. Cuando comieron el fruto, sus ojos se abrieron y, de repente, vieron la vida de otro modo. Advirtieron que estaban desnudos y se confeccionaron ropa. Luego, les dio vergüenza, y se escondieron de Dios. El jardín que había sido un lugar de gozo y comunión, se había convertido ahora en un lugar de temor, en donde debían esconderse de Dios. Como consecuencia de su desobediencia, Él les exigió que abandonaran el jardín del Edén. Eso hizo que su vida fuera más dura, y la comunión que habían tenido con un Dios santo quedara ahora rota. Puedes leer esta historia en Génesis, capítulos 1—3.

Todo el Antiguo Testamento narra la historia de la existencia del hombre, desde la creación hasta el nacimiento de Jesucristo. Durante ese tiempo, la única forma en que aquellas personas pecaminosas podían tener relación con un Dios santo era por medio del sacrificio, y un sumo sacerdote tenía que situarse en la brecha entre ellas y Él. Los israelitas comprendieron que Dios podía haber elegido ser un juez sin gracia ni misericordia cuando Adán y Eva desobedecieron. Sin embargo, en lugar de tirar la toalla respecto a ellos, Él eligió darles una segunda oportunidad que les proporcionaba, al hombre y a la mujer, la ocasión de reconciliarse o volverse a conectar con su Creador. Pero venir a la presencia de Dios exigía el reconocimiento del pecado (desobediencia), y como el Dios santo no puede existir en la presencia del pecado, había que ofrecer un sacrificio que lo "cubriera". La mayoría de los sacrificios ofrecidos en el Antiguo Testamento fueron corderos, y era un sacerdote quien lo hacía en representación de las personas. El derramamiento de sangre cubría los pecados de las personas, para que estas pudieran tener relación con el Dios santo.

Sin embargo, para Dios solo era un plan temporal. Su decisión de enviar a su Hijo a la tierra era su plan supremo para volver a unirse con su pueblo. Jesús vino a esta tierra siendo plenamente Dios, aunque por completo hombre. Una de las formas en que Dios se conectó con nosotros fue convirtiéndose en uno de nosotros. Tenemos un Dios que entiende de verdad nuestra experiencia humana, pero el plan divino consistía en algo más que esa sencilla comprensión. Envió a su Hijo para que fuera el sacrificio supremo y nuestro Sumo Sacerdote. La Biblia declara: "Tenemos un abogado que defiende nuestro caso ante el Padre. Es Jesucristo, el que es verdaderamente justo. Él mismo es el sacrificio que pagó por nuestros pecados, y no solo los nuestros sino también los de todo el mundo" (1 Juan 2:1-2, NTV). Jesús vino a compartir la verdad y, finalmente, a morir en la cruz como sacrificio final por nuestro pecado. Murió; después, tres días más tarde, resucitó y fue a vivir al cielo, donde es el único sacerdote necesario —nuestro Sumo Sacerdote—, el único que está en la brecha entre nosotros y Dios. Esto es lo que afirma la Biblia al respecto en Hebreos 7:20-28 (NTV):

> Este nuevo sistema se estableció mediante un juramento solemne. Los descendientes de Aarón llegaron a ser sacerdotes sin un juramento, pero había un juramento con relación a Jesús. Pues Dios le dijo:
>
> > «El Señor ha hecho un juramento y no romperá su promesa:
> > "Tú eres sacerdote para siempre"».
>
> Debido a ese juramento, Jesús es quien garantiza este mejor pacto con Dios. Hubo muchos sacerdotes bajo el sistema antiguo, porque la muerte les impedía continuar con sus funciones; pero dado que Jesús vive para siempre, su sacerdocio dura para siempre. Por eso puede salvar —una vez y para siempre— a los que vienen a Dios por medio de Él, quien vive para siempre, a fin de interceder con Dios a favor de ellos.
>
> Él es la clase de sumo sacerdote que necesitamos, porque es santo y no tiene culpa ni mancha de pecado. Él ha sido apartado de los pecadores y se le ha dado el lugar de más alto honor en el cielo. A diferencia de los demás sumos sacerdotes, no tiene necesidad de ofrecer sacrificios cada día. Ellos los ofrecían primero por sus propios

pecados y luego por los del pueblo. Sin embargo, Jesús lo hizo una vez y para siempre cuando se ofreció *a sí mismo* como sacrificio por los pecados del pueblo. La ley nombra a sumos sacerdotes que están limitados por debilidades humanas; pero después de que la ley fue entregada, Dios nombró a su Hijo mediante un juramento y su Hijo ha sido hecho el perfecto Sumo Sacerdote para siempre.

Es una imagen demasiado panorámica para abarcarla; sin embargo, ilustra el propósito de la vida de Jesús. Él fue un sacrificio vivo, conocido como Cordero de Dios porque, después de su muerte en la cruz, ya no hubo necesidad de sacrificar más corderos ni ninguna otra cosa. Él llevó sobre sí mismo nuestro pecado y derramó su sangre para que nosotros no tuviéramos que hacerlo. Murió para que pudiéramos vivir. No se puede tener mejor imagen del sacrificio que esta. Dios no nos pide algo que Él no está dispuesto a dar primero.

"Primero tú" en un mundo de "primero yo"

Alguien dijo en una ocasión: "Sacrificio es renunciar a algo bueno por algo mejor". Los que son bastante maduros como para poner a los demás por delante de sí mismos entienden este principio. Con todo, la noción de sacrificio es como un concepto obsoleto del mundo en el que vivimos hoy. Nuestra cultura celebra el egoísmo definiéndolo como "fuerza", y los que están centrados en los demás son débiles. Nuestra cultura de la celebridad juega de lleno en esta mentira. El mundo extravagante en el que viven los ricos anuncia el mensaje de que el dinero está hecho para gastarlo en casas, ropa, autos y niñeras. Rara vez se oye hablar de celebridades que eligen sacrificar su nivel de vida con el fin de usar su dinero para cambiar el mundo.

En las escuelas, los valores de carácter que se enseñaron para ayudar a los niños a respetar a los demás se han visto reemplazados por un plan de estudios de autoestima que se preocupa más por cómo se "siente" el niño, que por ayudarle a comprender cómo pueden afectar sus actos a aquellos que lo rodean. Todo es yo… yo… yo.

Los adolescentes y los jóvenes adultos de hoy son conocidos como la generación de los derechos. Se dirigen a la adultez esperando tener el mismo nivel de vida que sus padres tuvieron… pero sin el duro trabajo y el sacrificio para conseguirlo. La tendencia de los padres centrados en el niño le transmite a este que ellos son el centro de su universo. Esto hace, tristemente, que el niño crezca para convertirse en un adulto egoísta que no entiende el sacrificio necesario para tener un matrimonio exitoso o para ser padres exitosos. Hasta los comportamientos más básicos se ven afectados cuando no entendemos nuestra responsabilidad para con otros. Ralph Waldo Emerson lo expresó muy bien cuando dijo: "Los buenos modales se consiguen a base de pequeños sacrificios". ¡Qué gran verdad! Todo el concepto de las maneras se reduce a sacrificar algo como cortesía hacia los demás. Dios lo expresa de esta forma: "Este es mi mandamiento: ámense unos a otros de la misma manera en que yo los he amado. No hay un amor más grande que el dar la vida por los amigos. Ustedes son mis amigos si hacen lo que yo les mando" (Juan 15:12-14, NTV). Cuando ayudas a una amiga a empaquetar cajas para mudarse, es un sacrificio. Cuando escuchas a tu adolescente lamentarse por su crisis más reciente, es sacrificio. Cuando eliges pasar el tiempo con tu cónyuge en vez de implicarte en tu pasatiempo favorito, es sacrificio. Cuando te involucras en una conversación con la extraña que te cuenta toda su vida, de pie, en la fila de la caja del supermercado, eso es sacrificio.

> "Los buenos modales se consiguen a base de pequeños sacrificios".
> —Ralph Waldo Emerson

El matrimonio y ser padres requieren un sacrificio que llega poniendo a los demás primero. Cuando un bebé entra en una familia, hay que sacrificar el sueño. Esa niñita no tiene un estómago lo suficientemente grande para consumir una comida que la satisfaga durante más de tres horas. Tiene que comer día y noche durante esos primeros meses. Ninguna cantidad de negociación cambiará esto. Nadie se presentará para ocuparse de las necesidades de esa niña aparte de sus padres.

Recuerdo mis primeros meses como madre; era muy joven, ni siquiera había cumplido los veintiuno. Apenas era adulta. Algunas noches fueron muy duras, y me preguntaba si sobreviviría. En aquellas noches, quería que alguien apareciera y me aliviara... que me cuidara. Pero ya no se sacrificaban por mí. Ahora yo hacía el sacrificio, y era mucho más difícil de lo que había entendido jamás.

Aquellas complicadas horas demostraron ser horas de intimidad con mi Amigo, Jesús. Él entendía el sacrificio mejor que nadie. Podía hablarle de madrugada y leer pequeños fragmentos de verdad en la Biblia cada vez que podía. Era como si Él sostuviera mi mano y me diera la fuerza de luchar contra la falta de sueño o el incesante llanto, cuando estaba segura de no poder soportarlo más. Cuando mi esposo anunció que se sentía llamado al ministerio y que estudiar en el instituto bíblico exigiría dejar a amigos y familiares, y mudarnos a otro estado, Jesús me tranquilizó haciéndome saber que el sacrificio resultaría realmente en relaciones más profundas de las que había experimentado nunca antes. Y tenía razón. Cuando tomé la decisión de quedarme en casa durante un período de tiempo, mi Amigo me mostró que mi sacrificio merecía la pena. Cambiar mi profesión por estar con mis hijos era un sacrificio con beneficios desconocidos, pero valía la pena hacerlo.

Vivir poniendo por delante a los demás en un mundo de "primero yo" es contracultural. Va a contrapelo de nuestra sociedad concentrada en sí misma. Es tomar el camino estrecho cuando el ancho sería mucho más fácil. Pero las bendiciones del sacrificio son, en definitiva, para construir carácter. Al renunciar al deseo menor por un bien mayor, se forja una cualidad interior. Cuando tú y yo desistimos de un placer momentáneo en beneficio de una experiencia enriquecedora de vida, la calidad de esta se profundiza hasta crear en nuestro interior el rasgo de carácter de la generosidad, del que podemos abastecernos. Aprender a sacrificarnos nos convierte en mejor persona, en todos los aspectos. Dios advierte: "No se olviden de hacer el bien y de compartir con otros lo que tienen, porque esos son los sacrificios que agradan a Dios" (Hebreos 13:16, NVI).

Equilibrar sacrificio y cuidado de una misma

Aunque Jesús vivió una vida de sacrificio, jamás renunció a cuidar de sí mismo. Dedicó su vida a los demás, pero jamás se privó de su tiempo con su Padre. Ministró dondequiera que fue, pero aun así tomó tiempo para comer y dormir. Dado que Jesús y los discípulos iban andando a todas partes, el ejercicio formaba parte de su estilo de vida. Jesús era mayordomo de su cuerpo, y esto es algo que tenemos que aprender también. Jesús jamás se perdió en su servicio y sacrificio por los demás. Sabía quién era, a quién pertenecía y cuál era su propósito en esta vida.

El sacrificio cruza la línea y entra en el martirio cuando no está equilibrado con el cuidado de uno mismo. Nuestros hijos no necesitan una mártir, sino una madre. La mártir entrega su vida hasta el punto de dejar de existir; pierde su identidad mientras cuida de todos los demás. Una madre se preocupa de su familia y también de sí misma. Permite que la maternidad amplíe sus experiencias y su comprensión de sí misma. La madre es el modelo del arte del autocuidado para sus hijos, cuando presta atención a su necesidad de descanso, de alimentarse y de hacer ejercicio. Les muestra cómo hallar al Amigo que la entiende cuando ella se toma tiempo para orar y leer la Palabra de Dios. Fortalece la fe de ellos cuando ella acude a Dios en busca de respuestas en su propia vida. Siguiendo el ejemplo de Cristo, podemos aprender a sacrificar sin perdernos a nosotras mismas por el camino.

El amor abnegado

El don del sacrificio es regalarte a ti misma. Es el acto supremo de amor. Uno de los versículos más conocidos de la Biblia que habla de sacrificio es Juan 3:16: "Dios amó tanto al mundo que dio a su único Hijo, para que todo el que crea en él no se pierda, sino que tenga vida eterna" (NTV). Que Dios entregara a su Hijo fue un acto de amor.

Cuando sacrificamos, vivimos nuestro amor. Dios nos dice: "Por lo tanto, amados hermanos, les ruego que entreguen su cuerpo a

Dios por todo lo que él ha hecho a favor de ustedes. Que sea un sacrificio vivo y santo, la clase de sacrificio que a él le agrada. Esa es la verdadera forma de adorarlo. No imiten las conductas ni las costumbres de este mundo, más bien dejen que Dios los transforme en personas nuevas al cambiarles la manera de pensar. Entonces aprenderán a conocer la voluntad de Dios para ustedes, la cual es buena, agradable y perfecta" (Romanos 12:1-2, NTV).

Este mundo necesita hombres y mujeres poco comunes que no se asusten de vivir de un modo distinto. Hace dos mil años, Jesús marcó la pauta con su vida de sacrificio. Ojalá que hoy, como madres, también abramos el camino con nuestra vida.

Padre y Dios, quiero que tu voz sea más alta que la del mundo. Sin embargo, a veces es como si el mundo gritara y tú susurraras. Ayúdame a oír tu voz con claridad, conforme aprendo a vivir una vida de sacrificio sin perderme a mí misma. Gracias por mostrarme el camino con el ejemplo de tu Hijo. Ayúdame a confiar en Él como mi Amigo... un Amigo que me entiende.

¡Lucho con la desobediencia en cada esquina!

Hijo: "¡Yo iré en el asiento delantero!".
Hija: "No, ¡me toca a mí!".
Hijo: "Mamá, ella se sentó delante ayer".
Hija: "No es verdad. ¡Te sentaste tú!".
Hijo: "Siempre te sientas delante más veces que yo".
Hija: "No es verdad".
Hijo: "¡Sí lo es!".
Hija: "No, no lo es".
Hijo: "Sí, es verdad".

Ay… el encanto de la maternidad. Resolver las discusiones. Permanecer firme. Dar importancia. Ser coherente. Corregir. Alentar. Enseñar. Lo bueno viene con lo malo. Las alegrías, con las frustraciones. El estímulo, con el desaliento. En ocasiones, tus días no se parecen en nada a como tú imaginabas la maternidad.

En la Biblia hay una historia que, probablemente, fuera parecida a la conversación anterior.

Santiago: "Quiero sentarme a su diestra".

Juan: "No, ahí quiero sentarme yo".

Santiago: "Es mi sitio, yo soy el mayor".

Juan: "Pero yo puedo asumir la responsabilidad inherente".

Santiago: "Mamá dijo que el sitio era mío".

Aquí me estoy permitiendo cierta licencia creativa, pero estoy bastante segura de que hubo algunos de los mismos elementos de conducta egoísta con las que tratamos en nuestros hogares. Después que Santiago y Juan pidieron ocupar los dos mejores asientos de la casa, los demás discípulos estaban molestos. "Cuando los otros diez discípulos oyeron lo que Santiago y Juan habían pedido, se indignaron. Así que Jesús los reunió a todos y les dijo: 'Ustedes saben que los gobernantes de este mundo tratan a su pueblo con prepotencia y los funcionarios hacen alarde de su autoridad frente a los súbditos'" (Mateo 20:24-25, NTV). ¿A que no te cuesta imaginarlo?

Me gusta esta redacción: "Jesús los reunió a todos" (para resolver las cosas). Del mismo modo que Jesús tuvo que ocuparse de la inmadurez de los discípulos, tú y yo tenemos que hacer lo propio con la falta de madurez de nuestros hijos. Jesús trató con el egoísmo de ellos, su sentido del derecho y su conducta inadecuada. Suena a mi vida. ¿Te recuerda a la tuya?

Hubo otra ocasión en que Jesús se sintió frustrado con los discípulos. Les había enseñado qué debían hacer, pero ellos no lo estaban entendiendo. Un padre le pidió a Jesús que sanara a su hijo, ya que había recurrido a los discípulos primero, y estos fueron incapaces de manejar aquella responsabilidad. "¡Ah, generación incrédula y perversa! —respondió Jesús—. ¿Hasta cuándo tendré que estar con ustedes? ¿Hasta cuándo tendré que soportarlos?" (Mateo 17:17, NVI). ¿Puedes percibir la frustración en su voz? ¿Te has oído decir alguna vez algo similar?

Al no ser Jesús padre, la mayoría de nosotras ni siquiera hemos considerado que, en realidad, tenía que tratar con la desobediencia. Jesús es Dios, por supuesto, y Él trata con nuestra desobediencia todo el tiempo, pero lo que también vemos en la Biblia es que Jesús derramaba su vida en los discípulos, y a veces ellos sencillamente no lo veían.

Lo intentaré y mantendré esta perspectiva en mente cuando

quiera reaccionar con enojo en lugar de responder con autocontrol en medio de la desobediencia. A veces, un poco de estímulo por parte de alguien que ha pasado por lo mismo que nosotras es lo único que necesitamos.

Ora...

Jesús, muchas gracias por entender cómo es tratar con la desobediencia en cada esquina. Estoy segura de que, en ocasiones, cuando hablabas con los discípulos, era como hablar con la pared. Hay veces que yo también me siento así, como madre. Ayúdame a saber que no estoy sola y que tengo un Amigo que me entiende.

Descubre...

Lee Mateo capítulos 12 y 13.
Pídele a Dios que dé vida a sus palabras en tu corazón.

VERDAD...

Instruye al niño en su camino,
y aun cuando fuere viejo no se apartará de él.

PROVERBIOS 22:6

CAPÍTULO 6

DESCUBRE LA VERDAD DE DIOS:

JESÚS PERDONÓ

La verdad sobre el perdón

Ahora la describo como una de nuestras peores discusiones. Durante los diez primeros años de nuestro matrimonio, Mark y yo nos peleábamos mucho. Por lo general, ambos pecábamos en nuestra ira. Decíamos cosas que lamentábamos a la mañana siguiente. Durante esta discusión en particular, Mark me lanzó muchas cosas hirientes. Sin embargo, contrariamente a como yo acostumbraba a comportarme en esos casos, me refrené y no me defendí atacándolo con bombas verbales. Yo estaba intentando aprender dominio propio y cómo pelear limpiamente; y aquella noche tenía una fuerza adicional que me empoderó dándome autocontrol. Mark también estaba aprendiendo nuevas formas de gestionar nuestros conflictos, pero aquella noche en particular, había vuelto a caer en sus viejas costumbres.

Las palabras de Mark dolieron cuando me las lanzó. Elegí quedarme callada, a menos que fuera para comunicar con calma mis sentimientos y perspectivas, y trazar ocasionalmente un límite en nuestra comunicación. Acabé dejándolo con su rabia y me fui a otra parte de la casa, negándome a seguir entrando en su diatriba. Nos fuimos a la cama enojados, y dormimos en distintos dormitorios de la casa.

A la mañana siguiente, un hombre muy diferente se acercó a mí. Lo vi humilde y arrepentido. Dios se había apoderado de él, y él había respondido a la condena de Dios. "Jill, necesito hablar contigo —empezó—. Siento mucho las cosas que te dije anoche. Me equivoqué, lo siento muchísimo. ¿Me perdonas?".

Cada parte de mí quería arremeter con ira. Quería responder: *¿Bromeas? Me hiciste daño. Tus palabras fueron como puñales, y todavía estoy sangrando por los cortes que le infligiste a mi alma. ¿Te parece justo volver unas horas más tarde, decir que lo sientes, y aquí no ha pasado nada? ¡Tienes que pagar por lo que hiciste!* Estos pensamientos me vinieron de inmediato a la mente al tener a mi esposo delante de mí, pero no los verbalicé; me limité a albergarlos en mi mente durante unos minutos fugaces. Las únicas palabras que pude pronunciar en respuesta a su petición fueron: "Gracias por disculparte. Necesito un poco de tiempo para considerar tu petición de perdón".

Y empezó la batalla. Esta vez no fue entre mi esposo y yo, sino una pelea conmigo misma… y con Dios.

El perdón es una elección

Como observó el poeta inglés Alexander Pope: "Errar es humano, perdonar es divino". En realidad, he llegado a entender que perdonar es algo que solo podemos hacer con el poder de Dios en nuestra vida. Tal vez hayas malentendido el perdón como me ocurrió a mí. No te ha "apetecido" perdonar, y no lo has hecho. Pero si aguardamos hasta tener ganas de perdonar, tendremos que esperar toda la vida. El perdón no es un sentimiento; es una elección. Y con bastante franqueza, se reduce a la obediencia. Dios dice que perdonemos… y tenemos que aprender a vivir según su llamamiento. Él sabe lo que es mejor para nosotros… ¡pero a veces es tan difícil hacer lo que Él nos pide!

Mark me pidió perdón, y su pregunta exigía una respuesta. Yo entendía que tenía que tomar una decisión, pero mis emociones me traicionaban y controlaban mis pensamientos. Estaba herida, enojada y confusa. Sabía lo que necesitaba hacer, pero me producía un absoluto conflicto con lo que quería hacer.

Empecé a hablar con Dios al respecto. Bueno, tal vez fue más una discusión:

> Jill: "Me estás pidiendo demasiado, Dios".
>
> Dios: *"Confía en mí".*
>
> Jill: "Quiero confiar en ti, pero es sencillamente demasiado difícil dejarlo pasar".
>
> Dios: *"No lo estás dejando pasar. Me lo estás entregando a mí".*
>
> Jill: "Pero me hizo daño y, si lo perdono, es como si yo estuviera de acuerdo con lo que hizo".
>
> Dios: *"No es cierto. Estás dejando ir el daño para que yo pueda tomarlo por completo. Estás reconociendo que estoy más preparado que tú para ocuparme de esto".*
>
> Jill: "Es demasiado difícil".
>
> Dios: *"No te estoy pidiendo algo que yo no haya hecho antes. Te mostré el camino; ahora sigue mi ejemplo".*

La goma de borrar de Dios

Billy Zeoli dijo una vez: "Dios tiene una gran goma de borrar". Yo añadiría que Dios es mucho más grande de lo que podamos comprender jamás. Nuestra relación con Dios se basa en su disposición para perdonarnos. Cuando venimos a Él con el corazón roto, con verdadero pesar por nuestra desobediencia o nuestras actitudes y acciones desagradables, su respuesta a nuestra disculpa y nuestra petición de perdón es "sí". ¡Siempre es sí! Dios es justo, pero también es amor, gracia y perdón. Así es su carácter, y no actuará nunca fuera de él. Nos pide que seamos más como Él... pero es entonces cuando las cosas se ponen difíciles. En Salmos 86:5 leemos: "Tú, Señor, eres bueno y perdonador; grande es tu amor por todos los que te invocan"

(NVI). Solo unas pocas líneas más adelante, en la primera parte del versículo 11, encontramos cuál debería ser nuestra respuesta: "Enséñame, oh Jehová, tu camino; caminaré yo en tu verdad". Dios tiene una gran goma de borrar, y quiere que nosotras también la tengamos. En Salmos 103:10-12 (NTV) se la describe así de bien:

> No nos castiga por todos nuestros pecados;
> no nos trata con la severidad que merecemos.
> Pues su amor inagotable hacia los que le temen
> es tan inmenso como la altura de los cielos sobre la tierra.
> Llevó nuestros pecados tan lejos de nosotros
> como está el oriente del occidente.

Dios no nos trata como merecemos. Ahí es donde se presenta nuestro dilema: con frecuencia tratamos a los demás como se merecen. Sin embargo, olvidamos que somos tan culpables de meter la pata como ellos.

Empieza por mí

Si tú y yo somos incapaces de enfrentarnos a nuestra propia necesidad de perdón (de Dios y de los demás), no podemos empezar a entender por qué necesitamos aprender a perdonar a los demás. Kay Warren trata esto en *Dile sí a Dios*: "El mal existe en nuestro mundo; existe en los demás, pero también en mí... y en ti [...]. Al reconocer nuestra depravación compartida y nuestra capacidad para el mal, podemos alcanzar a un/a hermano/a caído/a con misericordia en lugar de odio".[6] Si no damos ese paso, nuestro orgulloso corazón nos mantendrá aisladas e incapaces de llegar a ser realmente más como Cristo. Tú y yo debemos tener un corazón humilde que asimile nuestra propia depravación antes de que podamos entender de verdad nuestra necesidad de extender gracia y perdón a los demás. En 1 Juan 1:8-10 (NTV) se confirma esto:

6. Kay Warren, *Dangerous Surrender* [*Dile Sí a Dios*] (Grand Rapids: Zondervan, 2007), pp. 118, 120. Publicado en español por Editorial Vida.

> Si afirmamos que no tenemos pecado, lo único que hacemos es engañarnos a nosotros mismos y no vivimos en la verdad; pero si confesamos nuestros pecados a Dios, él es fiel y justo para perdonarnos nuestros pecados y limpiarnos de toda maldad. Si afirmamos que no hemos pecado, llamamos a Dios mentiroso y demostramos que no hay lugar para su palabra en nuestro corazón.

Tristemente, nuestra cultura no ayuda en absoluto en este asunto. Vivimos en una sociedad que crece defendiendo los derechos más que admitiendo las acciones. Resulta raro encontrar a un criminal que se reconozca culpable. La mayoría busca algún vacío legal que le asegure un veredicto de inocencia, aunque de verdad sea culpable. En lugar de pedirles a sus hijos que se responsabilicen de su conducta, o de permitir que otra persona (entrenador, maestro, administrador escolar) haga responsables a sus hijos, son demasiados los padres que ofrecen excusas por el comportamiento de su retoño. Con demasiada facilidad culpamos a otros, nos defendemos y negamos nuestra responsabilidad de todas las formas posibles. Pero es hora de reconocer nuestros fallos en nuestras relaciones.

¿Necesitas decirle a Dios que lo lamentas y pedirle perdón? Hazlo hoy. ¿Necesitas decirle a tu esposo que lo sientes y pedirle perdón? Hazlo hoy. ¿Necesitas decirles a tus hijos que lo lamentas y pedirles perdón? No esperes más... hazlo hoy. Josh McDowell afirma que "el perdón es el aceite de las relaciones", y cada una de nuestras relaciones necesita probablemente cierta lubricación que solo la humildad, el arrepentimiento y el perdón pueden aportar.

> Por medio de la consejería, aprendimos que una disculpa completa consta al menos de cuatro palabras: **Lo siento. ¿Me perdonas?**

Hace varios años, Mark y yo nos dimos cuenta de que estábamos dejando el proceso del perdón fuera de nuestros conflictos y disculpas. Cuando teníamos una pelea, nuestra disculpa constaba de dos palabras: *Lo siento.* Por medio de la consejería, aprendimos que una disculpa completa consta al menos de cuatro palabras: *Lo siento. ¿Me perdonas?* Esto requiere una respuesta de la otra persona que, en última instancia, pone fin al daño si elige perdonar.[7]

Cuando entendemos que cometemos las mismas equivocaciones en la vida como cualquier otra persona, y cuando no nos asusta admitir esos errores, pasamos del orgullo a la humildad. Dios no puede usar el orgullo, pero sí puede utilizar la humildad. Un corazón humilde, como el que tenía Jesús, nos hace mucho más disponibles para Dios.

Quiero ser como Jesús

La invitación a cenar le llegó a Jesús de parte de un fariseo. Este grupo religioso era conocido por ser hombres hipócritas y santurrones, a quienes les preocupaban más las normas sobre Dios que la relación con Él. Por supuesto, en su ceguera de "yo soy más santo que tú", pasaban por alto que al estar con Jesús se encontraban realmente en la presencia de Dios.

Después que los invitados ocuparon su lugar para la cena, una mujer se presentó en casa del fariseo. Esta mujer, que había llevado una vida de pecado, probablemente como prostituta, traía un caro frasco de perfume. Se sentó a los pies de Jesús y derramó lágrimas de arrepentimiento que lavaron sus pies. Mientras ella los secaba con su cabello, Él sintió gran compasión por ella. Vio que tenía el corazón quebrantado, arrepentido y humilde, y la perdonó.

El escenario se repitió una y otra vez a lo largo de los tres años de ministerio de Jesús. Eran personas y situaciones diferentes, pero Jesús respondía sistemáticamente con el perdón. No solo fue el modelo de perdón para nosotros, sino que enseñó al respecto de forma constante.

Jesús dijo: "Así que, ¡cuídense! Si un creyente peca, repréndelo; luego, si hay arrepentimiento, perdónalo. Aun si la persona te agravia siete veces al día y cada vez regresa y te pide perdón, debes

7. Para una interesante explicación de las disculpas, ver *Los cinco lenguajes de la disculpa* de Gary Chapman y Jennifer Thomas (Carol Stream, IL: Tyndale House Publishers, 2009).

perdonarla" (Lucas 17:3-4, NTV). Cuando enseñaba a los discípulos a orar, Jesús le pidió al Padre, en lo que conocemos como el Padrenuestro: "Perdónanos nuestros pecados, así como hemos perdonado a los que pecan contra nosotros". Y cuando colgaba de la cruz, las últimas palabras que pronunció fueron: "Padre, perdónalos, porque no saben lo que hacen". Jesús vivió, respiró y murió con el perdón en su mente.

Extender el perdón

Pedir perdón es difícil, pero concederlo puede ser incluso más. Nuestro sentido de la justicia se activa, y creemos que las personas necesitan pagar por sus equivocaciones. Sencillamente, extender el perdón no nos parece justo. Y no lo es. Pero los caminos de Dios no son los nuestros... y, cuando estamos en el lado receptor de su misericordia, podemos sentirnos agradecidos por ello.

Uno de los conceptos equivocados que yo solía tener sobre el perdón es que necesitaba perdonar cuando me presentaban una disculpa y me pedían perdón. He llegado a comprender que el perdón es más importante que esto. El perdón es mi forma de mantener el corazón blando, dócil y sensible a la dirección de Dios. Trata más de Dios y de mí que de cualquier otra persona. Y tiene que ocurrir con mucha más frecuencia de la que soy consciente.

Permíteme darte un ejemplo de cómo sucede esto en el día a día normal de una madre. La tarde casi toca a su fin, y todavía no has decidido qué vas a preparar para cenar. Miras a tu alrededor y, por fin, te decides por un menú, pero necesitas más leche para el plato principal elegido. Echas un vistazo al reloj y te das cuenta de que en media hora tu marido estará de camino a casa, después de su trabajo; así que le haces una llamada y le pides que pare en el supermercado y compre leche. Él se alegra de poder ayudar y promete comprarla de camino a casa. Alrededor de una hora más tarde, aparece en la puerta y entra... con las manos vacías.

—¿Dónde está la leche, cariño? —le preguntas.

Él contesta de inmediato con gesto culpable:

—¡Oh, vaya! ¡Lo he olvidado por completo! Recibí una llamada en mi celular justo después de salir del trabajo. Era urgente. Me llamaba Bob, de la oficina, y he estado hablando de unos problemas con él hasta hace cinco minutos, antes de pararme en la entrada. Estaba distraído ¡y se me ha pasado por completo lo de la leche! ¡Lo siento!

Tal vez no te des cuenta, pero estás ante una encrucijada. Puedes responder de una de dos maneras: enojo o perdón. ¡Puedes atacarlo con ira, porque te ha estropeado tu plan perfecto de cenar cereales! (Sí, ¡todas las madres han hecho esto una vez en su vida!). O puedes reconocer que, en muchas ocasiones, tú has olvidado hacer algo que él te pidió, y ofrecerle tu perdón... la misericordia no merecida. La elección es tuya.

He llegado a comprender que tú y yo nos enfrentamos a esa encrucijada docenas de veces al día. Vivimos con personas, y estas se equivocan. Te defraudan. Te decepcionan. Toman decisiones erróneas. Olvidan algo que para ti era importante. Tú y yo tenemos una forma de gestionar esos daños y esas decepciones causadas por otras personas. El camino que Jesús nos mostró fue elegir el perdón. La Biblia nos dice: "Sean comprensivos con las faltas de los demás y perdonen a todo el que los ofenda. Recuerden que el Señor los perdonó a ustedes, así que ustedes deben perdonar a otros" (Colosenses 3:13, NTV).

Tú y yo tenemos una forma de gestionar esos daños y esas decepciones causadas por otras personas. El camino que Jesús nos mostró fue elegir el perdón.

El locutor de televisión Joan Lunden dijo: "Aferrarse al enojo, el resentimiento y el dolor solo te tensa los músculos, te produce dolor de cabeza y de mandíbula por apretar los dientes. El perdón te devuelve la risa y la alegría en tu vida". ¡Qué gran verdad! El perdón nos libera para amar y vivir sin arrastrar el equipaje de la amargura y la falta de perdón. Si podemos aferrarnos a esa verdad, hallaremos más gozo en la vida del que hayamos experimentado nunca antes.

Es posible extender el perdón a otra persona sin que esta lo sepa. En realidad, con frecuencia es saludable para nuestras relaciones. En nuestra familia lo llamamos "espacio de gracia": permitir sencillamente que otra persona sea humana —cometa errores— y viva en un entorno de amor, gracia y perdón. Esto crea un ambiente de hogar en el que uno se siente seguro. Es un lugar donde se puede fallar, equivocarse y meter la pata, e intentar algo una y otra vez.

El perdón no es mirar para el otro lado y facultar a alguien para que continúe con la conducta destructiva (para sí misma o para los demás). Los patrones de conducta poco saludables continuados deberían tratarse. A Jesús no le asustaba decirles la verdad a las personas. Él decía lo que pensaba. Pero también estaba siempre listo para perdonar si la persona recibía la verdad y su corazón era tierno hacia Dios. Es necesario que tú y yo estemos dispuestas a decir la verdad, pero también a perdonar.

"El perdón no cambia el pasado, sino que amplía el futuro", observó Paul Boese, un científico holandés. De hecho, descubrí que era cierto. ¿Recuerdas el perdón que Mark me pidió al principio del capítulo? Tras pelear con Dios durante varias horas, por fin hice lo correcto. Elegí perdonar. Volví donde estaba Mark para responder a su pregunta y descubrí que, por medio del perdón, entramos a un nuevo nivel de intimidad en nuestra relación. Por el bien del futuro, el nuestro y el de las generaciones por venir, comprometámonos hoy a reconocer las encrucijadas de nuestro camino y elegir perdonar más a menudo, que cualquier otra respuesta. Jesús perdonó, y nosotras también podemos perdonar.

Jesús, quiero ser más como tú, pero a veces es demasiado difícil. Gracias por tu ejemplo de perdón. A ti te decepcionaron. Te hirieron. Fuiste traicionado. A pesar de todo, tu respuesta sistemática fue el perdón. Enséñame a tener un corazón perdonador, Señor. Hoy, ayúdame a ser más como tú.

Perspectiva

¡Estoy tan cansada!

Mi amiga Julie se encontró delante de la escuela justo un poco antes de lo acostumbrado para buscar a sus hijos. Detuvo su auto detrás de la fila de coches y empezó a darse cuenta de lo cansada que estaba. Había sido un largo día persiguiendo a niños en edad preescolar, y era el primer momento en que se había sentado en todo el día.

Con los pequeños dormidos en sus sillas en el asiento trasero, Julia decidió aprovechar el momento de tranquilidad y cerró los ojos para descansar unos minutos.

Antes de que se diera cuenta, se despertó sobresaltada y vio que todas las madres de la fila de coches la rodeaban adelantándola para detenerse delante de la escuela y buscar a sus hijos. Ninguna se molestó en dar unos golpecitos en la ventanilla para despertarla y que se moviera en la fila. Decidieron dejar a esa pobre y agotada mamá tomar una siesta que, obviamente, necesitaba.

Aunque no me he quedado nunca dormida en la fila de autos, sí me he sentido lo bastante exhausta como para considerar esa posibilidad. O estamos despiertas por la noche alimentando a un bebé o cuidando de un niño enfermo; levantadas al romper el alba con un pequeño madrugador, o esperando por la noche que llegue un adolescente, o nos acostamos más tarde de lo que deberíamos para dejar unas cuantas cosas hechas después que los niños se acostaron. Por la razón que sea, la mayoría de nosotras no tenemos el descanso que nuestro cuerpo necesita.

¿Estás cansada? ¿Te mueres por hacer una siesta? ¿Fantaseas con ocho horas de sueño ininterrumpido? Si tu respuesta es sí, no estás sola. Hay un montón de madres privadas de sueño por ahí.

Hace dos mil años, hubo un Salvador privado de sueño que vivió en esta tierra. Algunos días estaba físicamente rendido de enseñar a centenares, y a veces millares, de personas. Con frecuencia se levantaba temprano para orar. Había veces en que pasaba toda la noche orando. Y no solo eso, en realidad no tenía su propia cama. Iba de ciudad en ciudad predicando, enseñando y durmiendo cada día en un lugar diferente. Un versículo de la Biblia nos indica esto: "Jesús, cansado por la larga caminata, se sentó junto al pozo" (Juan 4:6, NTV). Esto nos indica, de manera específica, ¡que Jesús se sintió cansado en algunas ocasiones!

Tal vez no hayas pensado nunca que Jesús experimentó agotamiento físico. Quizás no hayas considerado jamás que, cuando estás levantada por la noche, sola, en realidad no estás sola. Jesús está contigo y sintió lo mismo que tú. Como mi amiga que estaba tan cansada que se durmió sentada en su auto, Jesús estaba lo bastante agotado como para dormirse en un barco, en mitad de una tormenta.

Si no has aprendido a hacer una siesta, cuando tus hijos la hacen, ten en cuenta que es una parte importante del cuidado de una misma en ciertos períodos de la maternidad. Desde luego, tienes que olvidarte de fregar los platos o de la ropa sucia, pero el descanso te ayuda a enfrentarte a esas tareas con renovada energía y una perspectiva relajada. No vaciles a la hora de dar a conocer tus necesidades. Cuando su marido le preguntó qué quería por su cumpleaños, una mamá agotada respondió que quería pasar la noche a solas en un hotel. Su marido accedió, ¡y ella durmió catorce horas seguidas en su oscura y silenciosa habitación de hotel!

Tómate unos minutos para hablar con Dios sobre tu cansancio. Comparte con Él tus luchas, tus frustraciones y tu constante estado de cansancio. Incluso en lo que respecta a la privación de sueño, tú y yo tenemos un Amigo que nos entiende.

Ora

Jesús, tu agotamiento físico es algo que rara vez he considerado. Gracias por vivir en esta tierra, permitiéndote experimentar los retos de esta vida. Cuando estoy levantada por la noche, te ruego que me ayudes a recordar que no estoy sola. Haz que recuerde que estás presente y esperando que yo tenga una conversación contigo, mi comprensivo Amigo.

Descubre...

Lee Mateo, capítulos 14 y 15.
Pídele a Dios que te hable por medio de su Palabra.

VERDAD...

Los que viven al amparo del Altísimo, encontrarán descanso a la sombra del Todopoderoso.

SALMOS 91:1 (NTV)

CAPÍTULO 7

DESCUBRE LA VERDAD DE DIOS:

JESÚS ENSEÑÓ

La verdad sobre dirigir a nuestros hijos

"¿*Han oído alguna vez la historia de la tortuga y la liebre?*", les pregunté a mis dos hijos pequeños, una tarde, cuando estábamos limpiando la casa. "Sí, pero no recuerdo de qué trata", respondió Austin. Kolya respondió que no conocía en absoluto esa historia. Había sido adoptado cuando tenía nueve años y se había perdido muchas de esas historias infantiles familiares.

De pie en la puerta del dormitorio que ellos estaban limpiando, empecé a contarles la fábula de la lenta, pero persistente tortuga, y la liebre, segura de sí misma, pero arrogante. Austin se sentía abrumado por el estado de su habitación y le costaba permanecer motivado. Me serví de la historia para hablarles de la perseverancia, alentándolos, diciéndoles que las grandes tareas se realizan en pequeños pasos.

Más tarde aquella noche, cuando estaba metiendo a los niños en la cama, compartí con ellos lo que Pablo declaró: "Me concentro únicamente en esto: olvido el pasado y fijo la mirada en lo que tengo por delante, y así avanzo hasta llegar al final de la carrera para recibir el premio celestial al cual Dios nos llama por medio de Cristo Jesús" (Filipenses 3:13b-14, NTV). Hablamos brevemente sobre cómo tenemos que perseverar en los asuntos cotidianos: limpiar nuestro dormitorio, realizar tareas domésticas, practicar el piano y más. A continuación añadí que tenemos que persistir también en nuestra vida espiritual, manteniendo nuestros ojos puestos en el cielo, aunque vivamos en la tierra.

No había nada profundo ni formal en esta lección de vida. Fui capaz de conectar una historia con la vida real y, después, aplicar un principio espiritual. Y aprendí de mi Amigo, Jesús, cómo hacer esto. Igual que Él, tú y yo somos maestras. Y siguiendo su ejemplo, podemos enseñar a nuestros hijos siendo narradoras de historias.

Jesús, el extraordinario narrador de historias

Jesús era un maestro, pero nada era aburrido en su aula. Era un maestro innovador, que usaba parábolas, breves historias inolvidables que ilustran una lección moral. Yo creo que si Jesús fuera hoy un maestro de escuela, los estudiantes se pelearían por entrar en su clase. Sus historias enseñaban, con creatividad, lecciones sobre la vida que, a veces, desentrañaban los misterios de Dios. Sin embargo, otras veces sus historias eran ambiguas, provocaban pensamientos profundos y alentaban a los oyentes a actuar e implicarse en la historia de forma activa. Jesús quería ayudar a las personas a pensar fuera de contexto... ¡En realidad, Él quería que entendieran que no hay un molde! El mensaje de Jesús consistía en que Dios no puede ser contenido ni compartimentado —sus caminos superan toda comprensión.

Como madres podemos imitar el ejemplo de Cristo, aprendiendo a usar las historias para enseñar a nuestros hijos con creatividad. Y, a medida que nuestros hijos se hacen mayores, podemos usar también historias que suscitan más preguntas en lugar de dar respuestas, ayudando a nuestros adolescentes a que empiecen a pensar por sí mismos. En el libro de Deuteronomio, la Biblia habla de enseñar a nuestros hijos durante todo el día: "Debes comprometerte con todo tu ser a cumplir cada uno de estos mandatos que hoy te entrego. Repíteselos a tus hijos una y otra vez. Habla de ellos en tus conversaciones cuando estés en tu casa y cuando vayas por el camino, cuando te acuestes y cuando te levantes" (Deuteronomio 6:6-7, NTV).

Por lo tanto, Dios nos pide que hagamos esto y Jesús da el ejemplo, pero ¿cómo hacemos que esto ocurra de forma práctica? ¿Cómo enseñamos a nuestros hijos los caminos de Dios de un modo creativo que no resulte amenazante? Todo empieza contigo y conmigo, y desde ahí en adelante.

El hogar como iglesia

En mi libro *My Heart's at Home* [Mi corazón está en el hogar], consideré todos los diversos papeles que el hogar juega en nuestra vida: el Hogar como una casa segura, el Hogar como un hospital, el Hogar como un área de descanso e incluso el Hogar como iglesia. Para entender por qué necesitamos enseñar a nuestros hijos mediante historias, hemos de ver en primer lugar que nuestro hogar *es* una iglesia. Somos demasiadas las que compartimentamos la iglesia en lo que hacemos el domingo por la mañana, y creemos que es tarea de esta enseñarles a nuestros hijos las cosas espirituales.

Asistir a la iglesia y a la escuela dominical es una parte de la inversión en el desarrollo espiritual del niño, pero no es suficiente. Porque una imagen vale más que mil palabras, nuestros hijos necesitan vernos vivir nuestra propia fe.

Sin embargo, no hay forma en que la iglesia disponga del tiempo suficiente con nuestros hijos para hacer más que arañar la superficie, cuando les enseñan sobre Dios. Asistir a la iglesia y a la escuela dominical es una parte de la inversión en el desarrollo espiritual del niño, pero no es suficiente. Porque una imagen vale más que mil palabras, nuestros hijos necesitan vernos vivir nuestra propia fe.

Pero tú y yo no podemos compartir algo que nosotras mismas desconocemos, de modo que debemos empezar haciendo que el hogar sea una iglesia para nosotras. ¿Qué haces para llevar la experiencia dominical de la iglesia al lunes, martes, miércoles y más allá? ¿De qué forma estás cultivando tu relación con Dios? ¿Cuándo lees la Biblia para descubrir la verdad para tu vida? Cuando nuestra fe está viva, no resulta difícil compartir nuestro entusiasmo con nuestros hijos. Pero ¿cómo convertimos una experiencia religiosa estancada en una fe viva?

Empieza por la Palabra de Dios. Asegúrate de llevar tu Biblia a la iglesia el domingo. Cuando se leen las Escrituras, o mientras que el pastor está predicando, busca esos versículos y, a continuación, subraya, resalta y marca toda tu Biblia para que esos versículos cobren vida para ti.

Lee un poco de la Palabra de Dios cada día en casa. Podemos colocar un ejemplar de ella en cada cuarto de baño y leer unas pocas líneas cada vez que estemos allí. Si estás amamantando, por una cerca de la mecedora en la que te sientas con mayor frecuencia para dar de mamar, y utiliza esos minutos en que alimentas a tu bebé para alimentar también tu mente de la palabra de Dios.

Implícate en una iglesia familiar "viva". Nuestra experiencia en la iglesia debería empoderar y alentar nuestro caminar de fe personal. Encuentra una iglesia que no solo tenga una buena enseñanza y un estilo de adoración que encaje con tus necesidades, sino que también ofrezca estudios bíblicos, grupo de mamás u otras oportunidades externas que puedan alentarte en tu relación personal con Jesucristo.

Habla a diario con Dios. Puedes tener un tiempo específico de oración cada día y puedes conversar con Él a lo largo del día. Algunos días me las apaño para mantener ambos tipos de conversaciones. Otros, tiene que ser lo uno o lo otro. Y en los días en que no converso con Dios... yo lo sé, mis hijos lo saben, y mi marido también. ¡Mamá es una madre mucho mejor cuando pasa tiempo con Jesús!

Mantén los ojos abiertos

Una vez que pases tiempo con Dios, empezarás a ver oportunidades que nunca antes viste. Tu hijo se estará enfrentando a un reto, y a tu mente acudirá un versículo bíblico que has leído; no te preocupes si no lo recuerdas palabra por palabra. Comparte lo que recuerdes para alentar a tu hijo en el momento. Cuando quiero encontrar el versículo concreto, suelo usar www.biblegateway.com, donde puedo buscar escribiendo las palabras que recuerdo, y me ayuda a situarlo en la Biblia.

Está atenta a las oportunidades en las actividades cotidianas para compartir la verdad de Dios. Muchas veces, los anuncios comerciales televisivos proporcionan grandes inicios de conversación para niños y adolescentes. Contienen todo tipo de mensajes ocultos: son en sí mismos y de por sí una historia. Tómate unos cuantos minutos para diseccionar un anuncio con tus hijos y, después, compara ese mensaje con la verdad de Dios. Una familia lo hacía tanto que sus hijos empezaron a llamarlo el juego comercial de "verdad o mentira".

Un ejemplo de esto podría ser un comercial que envía el mensaje de que todo aquel que quiera tener éxito tiene que poseer ese producto concreto. Puedes hablar sobre cómo influye el anuncio en la forma de pensar del espectador, sirviéndose de personas de aspecto perfecto y frases que indican que tienes que tener ese producto. ¿Pero qué dice Dios sobre esto? Podrías emplear diversas formas. Podrías señalarles a tus hijos los Diez Mandamientos (Éxodo 20:1-17) y hablar de aquellos que nos dicen que no debemos codiciar (querer algo que otra persona tiene). O podrías conversar sobre lo que la Biblia declara respecto al contentamiento, que es sentirse bien con lo que ya tienes. Deja que Dios te dirija para que veas las cosas de un modo espiritual y aprovecha el momento. No necesitas predicarles a tus hijos un sermón de tres puntos; tan solo estás buscando oportunidades para impartir algo de la verdad de Dios de una forma relevante y memorable.

En la creación de Dios se pueden encontrar otras oportunidades para impartir su verdad. La tierra, los árboles, los ríos, los animales, el viento y la lluvia, todos ellos nos proporcionan una extraordinaria oportunidad para compartir la verdad de Dios con nuestros hijos. Cuando veas un pájaro, puedes decir algo como: "¿Sabías que la Biblia habla de los pájaros? Dice que Dios cuida de ellos y que nosotros somos infinitamente más valiosos que ellos, de modo que tenemos que confiar en Dios para que cuide de nosotros" (Mateo 6:26). Cuando veas hormigas en una acera, puedes decirles que Dios habla de la dura tarea de las hormigas y de cómo deberíamos aprender de ellas a esforzarnos en el trabajo (Proverbios 6:6). Cuando veas un arcoíris, puedes decirles a tus hijos que Dios lo envió después del diluvio al que sobrevivieron Noé y su familia, como promesa de que jamás volvería a inundar toda la tierra (Génesis 9:13-15). Cuando estés caminando con tus hijos al aire libre, en una noche estrellada, puedes compartir con ellos que la Biblia nos dice que debemos brillar como los astros del universo (Filipenses 2:14-15).

Podemos, asimismo, usar las actividades de la higiene personal para dar lugar a conversaciones sobre Dios. Si estás cepillando el pelo de tu hija, puedes decirle que Dios se preocupa tanto de nosotros, que incluso sabe cuántos cabellos hay en nuestra cabeza (Lucas 12:7). Cuando estés bañando a tus hijos, les puedes decir que cuando le pedimos a Jesús que entre en nuestro corazón (o que sea nuestro Amigo), Él lava nuestros pecados (o errores) (Hechos 22:16).

No tienes por qué vincular cada conversación a un versículo específico. También puedes usar las experiencias de la vida para transmitir "conceptos sobre Dios". Por ejemplo, cuando estén atrapando copos de nieve con la lengua, puedes mencionar que cada copo que Dios hace es único y que lo mismo ocurre con las personas. ¡Solo hay uno como tú! Cuando estén dando un paseo, puedes hablar de la importancia del ejercicio, porque Dios quiere que cuidemos este cuerpo maravilloso que nos ha dado. Si están manejando dinero, puedes señalar la importancia de utilizarlo como Dios quiere y devolverle un centavo por cada diez, lo cual se denomina diezmo.

Si están manejando dinero, puedes señalar la importancia de utilizarlo como Dios quiere y devolverle un centavo por cada diez, lo cual se denomina diezmo.

La escritora Elise Arndt describe esto como "vida devocional" en su libro *A Mother's Touch* [El toque de una madre]. "La vida devocional es el proceso de transmitir verdades espirituales por medio de nuestras experiencias cotidianas. Las verdades de la Palabra de Dios se retratan en las actividades que tienen lugar en el hogar. Nuestros sentidos se agudizan conforme empezamos a reconocer las oportunidades de hablar sobre el mensaje de salvación cuando estamos sentadas, cuando caminamos, cuando estamos acostadas o cuando nos levantamos".[8]

Elise hace hincapié en la importancia de empezar pronto con nuestros hijos. Captar su entusiasmo en los años preescolares es un buen tiempo para contarles historias y para la vida devocional. A medida que los niños van creciendo y se acercan a la preadolescencia y la adolescencia, su sentido de la emoción, de la espontaneidad y del asombro empieza a desaparecer. Elise afirma que puedes prepararte para los desafiantes años adolescentes "estableciendo una vida devocional dentro del hogar cuando tus hijos son pequeños. Cuanto antes inicies este proceso, más formación les proporcionarás. Estás estableciendo un fundamento sobre el que pueden edificar su vida".[9] Esto es algo que he descubierto yo misma, sin la menor duda. Resulta mucho más fácil hablar con mis adolescentes sobre conceptos espirituales porque es algo que he establecido como tema normal de conversación cuando eran pequeños.

Haz que las historias bíblicas cobren vida

No existe razón alguna para que tengas que encontrar historias completamente nuevas para compartir la verdad de Dios con tus hijos. Presentarles las parábolas de Jesús es igual de importante. Echa una ojeada a la sección infantil de tu librería cristiana local para buscar libros que cuenten las historias bíblicas en un formato simplificado. Si tienes un hijo en primaria que esté aprendiendo a leer, haz que lea una historia cada noche antes de irse a la cama. Sí, les tomará un poco más de tiempo ir tropezando con las palabras, pero las guardarán en su corazón si las leen en voz alta.

Cuando se las leas a niños más pequeños, ¡sé creativa! Usa distintas voces para los diversos personajes del relato. Al leer la historia, pídeles que señalen las imágenes de las personas sobre las que estás leyendo. Ayúdales a usar su imaginación e involúcralos en la historia. Hasta puedes usar marionetas de mano o pequeños muñecos para

---

8. Elise Arndt, *A Mother's Touch* (Wheaton: Victor Books, 1983), p. 49.
9. Arndt, p. 51.

representar las historias. Una mamá usaba muñecos y animales de granja de la caja de juguetes de sus hijos para dar vida a la historia del Buen Samaritano (Lucas 10:30-37). Ella cuenta que, durante varias semanas, después de la historia, descubrió que su hija usaba aquellos muñecos para contarle la historia una y otra vez a su hermano pequeño.

A medida que tus hijos se vayan haciendo mayores, preséntales al Jesús que caminó por esta tierra. Comparte perspectivas que tal vez no hayan considerado nunca antes. Recientemente mantuve una conversación con mi hijo sobre un nuevo amigo. Kolya se estaba relacionando con Wade, un niño del que se burlaban la mayoría de los chicos. Una noche, cuando metía a Kolya en su cama, le dije que me sentía muy orgullosa de él. Se estaba acercando a un niño que necesitaba un amigo con urgencia. Le comenté que su forma de actuar me recordaba a Jesús. Lo alenté con estas palabras: "Kolya, ¿sabías que estás actuando con Wade como lo hacía Jesús? Él solía pasar tiempo con personas a las que otros dejaban de lado. Jesús era inclusivo, no exclusivo. Estás eligiendo incluir a Wade y llegar a él, aunque otros se burlen. Estoy segura de que tus actos han provocado una sonrisa en el rostro de Jesús".

Tesoro enterrado

¡Las parábolas de Jesús eran como tesoros enterrados que esperaban ser encontrados (Mateo 13:44)! Utilizaban lo conocido para definir lo desconocido. Sus historias eran como pequeñas obras de teatro que se servían de las experiencias corrientes de la vida para enseñar sobre los extraordinarios caminos de Dios. Como hábil artista, Jesús pintaba cuadros de la verdad divina con breves y sencillas historias. Su objetivo supremo no era tan solo impartir conocimiento, sino transformar el corazón y llevarlo desde la forma de vivir del mundo hacia el camino de Dios.

¡Ojalá mantengamos esa visión como madres! Con cada historia que contamos, cada verdad que compartimos y cada porción de sabiduría que impartimos, estamos colaborando con Dios para cambiar un corazón… el de nuestro hijo.

Jesús, gracias por ser un maestro tan creativo. ¡Me has dado muchas historias que compartir con mis hijos! Quiero conocerte más para poder ayudar a mis hijos a que te conozcan más también. Empújame a leer la Biblia y buscar el tesoro enterrado que tienes para mí. Ayúdame a escuchar tu voz a lo largo de mi día y ver las oportunidades de enseñanza disponibles para mí al conectar el corazón de mi hijo a tu verdad.

Me siento como si estuviera en un escaparate

Había tenido una mañana difícil. Mark y yo habíamos empezado nuestro día con lo que llamamos una "comunión intensa" (¡Habíamos discutido!). Nuestro desacuerdo había provocado un ambiente tenso en la casa. Tras pasar la mañana con mis hijos, hice que cada uno de ellos se dirigiera a su dormitorio para una hora de lectura después del almuerzo.

Como Mark se había ido al trabajo, me sentía culpable por mi negativa contribución a nuestro desacuerdo matinal. Una vez instalados los niños en sus habitaciones, decidí llamar a Mark para disculparme por lo que había dicho y pedirle perdón. Pero solo me respondió su buzón de voz, así que dejé un extenso mensaje disculpándome por mi actitud y pidiendo perdón. Cuando él llegó a casa al final de la tarde, me dio las gracias por la llamada y, a continuación, se disculpó y resolvió su parte del desastre relacional que ambos habíamos provocado.

Al día siguiente, cuando llevaba a mi hija mayor a su clase de piano, ella me comentó: "Mamá, creo que fue genial que llamaras a papá ayer y le dijeras que lo sentías". Mi primer pensamiento fue: *¿Dónde estabas tú cuando escuchaste esa conversación? ¡Se suponía que estabas leyendo en tu dormitorio!* Sin embargo, decidí descartar ese pensamiento. De alguna manera, Anne había escuchado esa conversación y le había afectado de un modo extraordinario.

Se suele decir que, con los niños, una imagen vale más que

mil palabras. De hecho, nuestros hijos nos están observando todo el día. "Pillan" lo bueno y lo malo. Nos guste o no, tú y yo somos la exposición del carácter y de los valores para aquellos que Dios ha puesto bajo nuestro cuidado.

Y esto también le sucedía a Jesús. Hablando de ser notorio, cada movimiento que Jesús hizo fue analizado, criticado y observado por alguien. De haber existido los *paparazzi* en la época de Jesús, es probable que Él hubiera sido el hombre más fotografiado de la historia.

Los líderes de la iglesia, conocidos como los fariseos, vigilaban a Jesús. Criticaban cada movimiento que hacía. Esos hombres religiosos sabían cómo cumplir las normas, pero no tenían entendimiento alguno de la relación que Jesús estaba ofreciendo.

Los discípulos observaban a Jesús. Estos hombres vivían con Él, se fijaban en lo que hacía y aprendían de Él cada día. Muchas veces, los actos de Jesús hablaban más alto que sus palabras.

Las multitudes observaban a Jesús. Él no respetó las clases sociales. Amó a todos por igual, y se lo podía encontrar en un templo religioso con la misma frecuencia que en casa de alguien considerado "inadecuado" para Dios según las normas de la religión.

Las personas observaban siempre a Jesús. Y, como madres, hay personas —nuestros hijos— que siempre nos están observando.

Quienes tienen experiencias en común hallan compañerismo cuando pasan tiempo con otros que entienden cómo es su vida. Aun cuando no es posible que las circunstancias cambien, tan solo saber que alguien más ha experimentado lo mismo le da a la persona esperanza para el futuro.

Tú y yo no podemos cambiar el hecho de que somos observadas. Debemos aceptar que es parte de la maternidad. Sin embargo, podemos encontrar esperanza y valor cuando pasamos tiempo con Aquel que nos entiende.

Ora…

Jesús, sabes cómo es vivir una vida en exposición. Ayúdame a hacer buenas elecciones, sabiendo que mis hijos están observando.

Cuando cometa un error, ayúdame a entender que pueden aprender viendo cómo respondo con humildad en lugar de orgullo. Quiero imitarte más, sabiendo que mis hijos me imitan a mí.

Descubre…

Lee Mateo capítulos 16 y 17.
Busca formas en las que Jesús dirigió por el ejemplo.

VERDAD…

Sed imitadores de mí, así como yo de Cristo.

1 CORINTIOS 11:1

CAPÍTULO 8

DESCUBRE LA VERDAD DE DIOS:
JESÚS VIVIÓ CONFIADO

La verdad sobre nuestra identidad

Entramos en el concurrido restaurante durante la muy ajetreada hora del almuerzo. Fue una de las escasas ocasiones en que nuestra gran familia tuvo la oportunidad de comer fuera, gracias a un inesperado regalo monetario navideño que lo hizo posible. Conforme ocupábamos nuestros asientos, nuestros hijos conversaban con emoción sobre la Navidad. Anne, que tenía casi dieciséis años en ese tiempo, me estaba contando una historia sobre lo que había ocurrido en la escuela dominical aquella mañana, y yo hacía todo lo posible por centrarme intensamente en su conversación. Austin, de cuatro años, se sentó a mi derecha y se esforzaba por llamar mi atención. Sin perder el contacto visual con Anne, le hice una señal a Austin indicándole que sabía que me necesitaba, pero que quería acabar primero mi conversación con su hermana.

Muy pronto, el lloriqueo pasó de "Mami… mamiiiiiiiii" a "¡Mami, tengo que ir al baño!". Una vez más, mediante un gesto le indiqué que lo había oído y que estaría con él en un momento. Pero, al parecer, él no podía esperar. Con impaciencia, dijo en un tono más alto:

—Mami, tengo que ir al baño. ¿Y sabes por qué sé que tengo que ir al baño?

Con exasperación, me volví finalmente hacia Austin y le dije:

—Está bien, Austin. Dime por qué sabes que necesitas ir al baño.

Con el tono más alto que le permitió su voz de cuatro años, Austin respondió:

—Sé que necesito ir al baño porque me acabo de tirar un pedo.

Yo no podía creer lo que él acababa de decir ni que lo hubiera dicho tan alto. El restaurante se quedó en silencio, y todos los ojos se posaron en nuestra mesa.

Quería meterme debajo de la mesa, pero en vez de ello me levanté con cuidado y empecé a escoltar a Austin hasta el baño. A la derecha de donde nos encontrábamos, había una mujer visiblemente ofendida por lo que mi hijo había dicho. Luego fue una pareja, a nuestra izquierda, que se esforzaba por sofocar la risa. Sé que mi cara debía estar tan roja como las luces de Navidad colgadas por toda la sala.

Ya en el baño con Austin, inicié un diálogo con Dios. "¿Qué hago con esto, Dios? —le pregunté—. No tengo claro si esto ha sido realmente una desobediencia o tan solo una necedad infantil —proseguí—. ¿Y por qué me siento tan humillada cuando mis hijos hacen algo estúpido en público? No es la primera vez que ocurre".

Mientras yo estaba allí, mirando al espejo, Dios me habló en ese momento. Oh, no era una voz audible que saliera del cielo, sino más bien Dios que trajo su verdad a mi mente para responder a esa pregunta.

Me dijo: *Jill, tu valor y tu mérito personal no se basan en la conducta de tus hijos. Tu valor se basa en aquel a quien perteneces. Tú eres mía, y te amo lo suficiente como para morir por ti. No fue porque fueras una buena persona o una buena madre, sino porque te amo y porque me dijiste que sí. Esto no cambia, solo porque tu hijo se porte mal o diga algo necio en público.*

Ah, los retos de identidad de este mundo… ¿Qué me da valor? ¿Dónde siento que pertenezco? ¿A quién le importo? ¿Qué determina mi valor y mi autoestima?

Jesús conocía su identidad. Comprendió a quién pertenecía. Es necesario que tú y yo también entendamos esto.

La identidad de Jesús

La vida de Jesús fue distinta desde su concepción. Dios hizo, de un modo sobrenatural, que María, que era virgen, quedara encinta. Tanto María como José fueron visitados por ángeles para comunicarles quién era y es este niño especial y qué debían hacer ellos. Pronto fue evidente para ellos que este niño era realmente especial.

Los cuatro primeros libros del Nuevo Testamento sirven de biografías de la vida de Jesús. Mateo, Marcos, Lucas y Juan nos hablan de la vida de Cristo en esta tierra. Sin embargo, se proporciona poca información sobre la vida de Jesús después de su nacimiento y hasta que tuvo treinta años, cuando empezó su ministerio público. No obstante, una historia que relata lo que sucedió cuando Jesús tenía doce años indica que Él conocía su identidad. Sabía a quién pertenecía. Vemos este relato en Lucas 2:41-52.

> Iban sus padres todos los años a Jerusalén en la fiesta de la pascua; y cuando tuvo doce años, subieron a Jerusalén conforme a la costumbre de la fiesta. Al regresar ellos, acabada la fiesta, se quedó el niño Jesús en Jerusalén, sin que lo supiesen José y su madre. Y pensando que estaba entre la compañía, anduvieron camino de un día; y le buscaban entre los parientes y los conocidos; pero como no le hallaron, volvieron a Jerusalén buscándole. Y aconteció que tres días después le hallaron en el templo, sentado en medio de los doctores de la ley, oyéndoles y preguntándoles. Y todos los que le oían, se maravillaban de su inteligencia y de sus respuestas. Cuando le vieron, se sorprendieron; y le dijo su madre: Hijo, ¿por qué nos has hecho así? He aquí, tu padre y yo te hemos buscado con angustia. Entonces él les dijo: ¿Por qué me buscabais? ¿No sabíais que en los negocios de mi Padre me es necesario estar? Mas ellos no entendieron las palabras que les habló. Y descendió con ellos, y volvió a Nazaret, y estaba sujeto a ellos. Y su madre guardaba todas estas cosas en

su corazón. Y Jesús crecía en sabiduría y en estatura, y en gracia para con Dios y los hombres.

Este acontecimiento es nuestra primera prueba de que Jesús entendía quién era Él. Sabía que pertenecía primero a Dios, su Padre, y que tenía que ocuparse en sus negocios. Jesús estaba tan seguro de lo que tenía que hacer para su Padre celestial que perdió el rastro de su familia terrenal cuando se dirigió al templo, mientras ellos comenzaban su viaje de vuelta a casa.

¿No desearías que fuera igual de fácil para nosotras? ¿No estaría bien tener un sentido tan fuerte de identidad que no sintiéramos la necesidad de compararnos con los demás, de intentar ganar aprobación, de mirar sistemáticamente nuestras circunstancias para ayudarnos a sentirnos bien con nosotras mismas? Es posible, pero tenemos que salir de la arena y subirnos a la Roca.

Castillos de arena

Nuestro lugar favorito de vacaciones se encuentra en el bloque de apartamentos de mis padres en Okaloosa Island, cerca de Fort Walton Beach y Destin, Florida. Mamá y papá pasan un par de meses allí en invierno, y después lo alquilan y lo ponen a disposición de la familia el resto del año. Hemos ido allí desde que los niños eran pequeños, así que tenemos muchos recuerdos de castillos de arena.

Con las arenas blancas como el azúcar de la costa Panhandle de Florida se hacen hermosos castillos. Trabajando durante horas bajo el sol ardiente, los niños han construido elaboradas creaciones hasta bien entrada la tarde y, a la mañana siguiente, han comprobado cómo la marea ha subido y se ha llevado su estructura. No puedo evitar pensar que esa experiencia es una analogía de la vida.

Nos esforzamos mucho por edificar nuestra vida creada con tanto cuidado. Tenemos visiones de casarnos con un hombre perfecto y exitoso, de vivir en una casa con una valla blanca y una familia perfecta de dos hijos: un niño y una niña. Si estos sueños se hacen realidad, nuestra vida es buena. Nos sentimos bien con nosotras mismas. Nos sentimos bien, porque nuestra familia se ve bien. Pero ese sueño no puede durar. Para muchas de nosotras, nunca existió. Y, aunque tu sueño no fuera exactamente como yo lo he descrito, estoy bastante segura de que tienes alguna imagen en tu mente de tus circunstancias perfectas.

Pero las personas no son perfectas, así que esa imagen no puede durar. Los maridos serán menos que perfectos, trabajarán en un empleo que no los satisface para llegar a fin de mes y seguirán dejando la ropa interior en el suelo tras muchos años de matrimonio. Esa casa con la valla blanca será, más bien, un apartamento abarrotado o una casa mucho más humilde que la que pintamos en nuestra mente. Nuestros sueños no siempre se ajustan a nuestros recursos económicos. Y luego están los niños. Tampoco colaborarán con nuestro sueño perfecto. No podemos depender de que nuestros hijos se comporten en público como nosotros queremos. Los niños son niños... tienen mente propia. Se mantendrán con obcecación en su opinión de que "no quieren cantar" justo antes del programa preescolar de Navidad. Montarán un numerito de rabieta en la caja del supermercado porque no les compras una chocolatina. Querrán ponerse medias moradas con una falda roja, calcetines que no pegan y zapatos de la talla errónea. ¡Y no querrán que cambies nada de esto, porque "yo lo hice"!

Tú y yo no podemos basar nuestra autoestima en el aspecto de nuestra familia, porque es como edificar nuestra casa sobre la arena movediza. Nos esforzaremos mucho para construir nuestros "castillos" y que queden perfectos solo para ver cómo las olas de la vida real vienen y los golpean haciéndolos pedazos. Esto es lo que me ocurrió en el restaurante. Mi familia tenía buen aspecto, y yo me sentía bien conmigo misma. De repente, un niño se portó mal, y toda mi sensación de autoestima se vino abajo.

Jesús enseñó sobre este mismo concepto en una de sus parábolas. Se la conoce como el constructor sabio y el necio (Mateo 7:24-27, NVI):

> Por tanto, todo el que me oye estas palabras y las pone en práctica es como un hombre prudente que construyó su casa sobre la roca. Cayeron las lluvias, crecieron los ríos,

> y soplaron los vientos y azotaron aquella casa; con todo, la casa no se derrumbó porque estaba cimentada sobre la roca. Pero todo el que me oye estas palabras y no las pone en práctica es como un hombre insensato que construyó su casa sobre la arena. Cayeron las lluvias, crecieron los ríos, soplaron los vientos y azotaron aquella casa. Esta se derrumbó, y grande fue su ruina.

Lo que he llegado a comprender es que tú y yo tenemos elección. ¿Edificaremos nuestra vida sobre la arena movediza o sobre una roca sólida?

Un fundamento firme

La arena se mueve. No es firme y cambia. No puede servir de fundamento fiable. Sin embargo, las rocas son diferentes. Son duras. Sólidas. Inmutables. Se puede confiar en ellas como punto de apoyo o fundamento estable.

Con demasiada frecuencia, buscamos cosas tangibles que nos ayuden a sentirnos bien con nosotras mismas, como títulos universitarios, estatus marital, el tipo de auto que conducimos, la clase de casa en la que vivimos o la ropa que nosotras o nuestros hijos vestimos. Aunque no nos atraigan "cosas", podemos recurrir con facilidad a personas y circunstancias que nos ayuden a sentirnos bien en nuestra piel. Tristemente, este tipo de búsquedas tienen consecuencias. Si procuramos cosas que nos satisfagan, podemos vivir por encima de nuestros medios intentando tener aquello que nos ayude a sentirnos bien con nosotras mismas. Si buscamos a personas que nos satisfagan, podemos volvernos controladoras en nuestro intento de manejar a aquellos que nos rodean para que tengan buen aspecto y nosotras podamos sentirnos bien con nosotras mismas. O podemos llegar a avergonzar a nuestro marido o nuestros hijos en nuestra comunicación, usando un tono de voz o palabras que expresan lo malos que son. Lo hacemos para obligarlos a hacer lo que decimos. Y si no tenemos cuidado, basaremos nuestra autoestima en un fundamento inestable.

No obstante, hay otra elección, y es una solución perfecta que nunca nos fallará. Tú yo podemos pasarnos de la arena movediza a la Roca sólida. ¿Sabes?, Dios nunca cambia. Cuando nuestro valor se apoya en Él, es firme, fiable y nunca cambia. Dios es quien dice ser. Es el mismo ayer, hoy y mañana. Cuando contamos con Dios para darnos nuestra verdadera identidad, Él nunca nos defrauda. Cuando le decimos sí a Dios, nos convertimos en una hija del Rey. Nuestro nombre está escrito en el Libro de la Vida. Somos adoptadas en la familia de Dios y recibimos el nombre familiar de "cristiana", alguien que le pertenece a Cristo. El problema con la otra opción es que las personas cambian todo el tiempo; al fin y al cabo, son humanas. Cometen errores. Depender de personas o circunstancias para nuestro valor es como edificar una casa sobre cimientos de arena. Depender de Dios para nuestro valor es como edificar una casa sobre un fundamento firme, una Roca sólida.

> Depender de personas o circunstancias para nuestro valor es como edificar una casa sobre cimientos de arena.

Como has llegado hasta este punto, doy por sentado que has tomado esta decisión y que te llamas "cristiana". Tal vez pensabas que lo eras porque has ido a la iglesia toda tu vida. Hiciste allí todas las "cosas correctas", como el bautismo, la primera comunión, las clases de confirmación, etc. Pero asistir a la iglesia e incluso pasar por las ceremonias religiosas no convierten a nadie en cristiano, a menos que hayas entendido de verdad las palabras que pronunciaste y hayas aceptado las decisiones que tomaste. Esas actividades te proporcionan un fundamento de fe para que tomes tu propia decisión. Dios quiere tu corazón. Quiere que aceptes el don de la salvación aceptando a su Hijo como tu Salvador. ¿Le has dicho alguna vez que sí a Dios? Si no es así, haz que hoy sea el día de tu nacimiento espiritual. Lo único que tienes que hacer es decir esta oración o algo parecido en tus propias palabras que comunique lo mismo: "Dios, ya no quiero edificar mi vida en la arena movediza. Te ruego que me perdones por intentar hacer mi vida a mi manera. Quiero construir mi vida sobre ti, la Roca firme. Reconozco que me he equivocado y que he actuado contra tu voluntad. Gracias por enviar a tu Hijo a vivir en esta tierra y gracias porque Él entiende nuestra experiencia humana. Gracias por tu muerte en la cruz que pagó por todos mis errores, para que yo pueda ser cambiada, transformada, recibir una nueva vida y vivir contigo para siempre. Te acepto como mi Señor y Salvador. En el nombre de Jesús, amén".

Transformación

Una vez que hemos aceptado a Cristo como nuestro Salvador, empezamos nuestro viaje de dejar que Dios nos defina en vez de escuchar lo que otros afirman sobre nosotros. Jon Walker trata esto de un modo hermoso, cuando declara:

> Tu fe se hará más fuerte conforme te centres en tu identidad en Cristo. Lo que esto significa es que abandonas cualquier imagen de ti mismo que no sea de Dios. Dejas de creer lo que otros han dicho sobre ti; dejas de creer cómo te han etiquetado los demás; dejas de aceptar la definición que otros hacen de ti.
>
> A lo que voy es a esto: si no sabes quién eres, entonces eres vulnerable a otros que te dicen quién eres. Sin embargo, la verdad concreta y sólida del evangelio es que seas quien Dios te dice que eres, y nadie más tiene voto en el asunto.
>
> Ahora te identificas con Cristo y tienes el poder del Espíritu Santo dentro de ti. Eres el precioso hijo de Dios, y Él te creó de una forma que le agrada.
>
> Esta "cuestión de la identidad" es una parte sustancial de vivir la vida abundante. Jesús fue capaz de afrontar las increíbles exigencias de su misión, porque había resuelto este problema de identidad. Sabía con exactitud quién era; sabía que le importaba inmensamente a su Padre celestial, y esto le proporcionó la confianza de moverse de forma resuelta en la fe.[10]

10. Jon Walker, "Identity in Christ", 31 de enero de 2008, en línea, www.christiandads.com. Recurso en inglés.

Tú y yo sabemos quiénes somos en Cristo, porque eso nunca cambia. Aquí tienes unas cuantas cosas que Dios declara sobre ti:

¡Eres una nueva persona! "Todo el que pertenece a Cristo se ha convertido en una persona nueva. La vida antigua ha pasado; ¡una nueva vida ha comenzado!" (2 Corintios 5:17, NTV).

¡Eres elegida por Dios! "Ustedes... son un pueblo elegido. Son sacerdotes del Rey, una nación santa, posesión exclusiva de Dios. Por eso pueden mostrar a otros la bondad de Dios, pues él los ha llamado a salir de la oscuridad y entrar en su luz maravillosa" (1 Pedro 2:9, NTV).

¡Eres una parte importante de la familia de Dios! "Todos ustedes en conjunto son el cuerpo de Cristo, y cada uno de ustedes es parte de ese cuerpo" (1 Corintios 12:27, NTV).

¡Pasarás la eternidad en el cielo! "En cambio, nosotros somos ciudadanos del cielo, donde vive el Señor Jesucristo; y esperamos con mucho anhelo que él regrese como nuestro Salvador" (Filipenses 3:20, NTV).

¡Perteneces a alguien! "Ahora ustedes... ya no son unos desconocidos ni extranjeros. Son ciudadanos junto con todo el pueblo santo de Dios. Son miembros de la familia de Dios" (Efesios 2:19, NTV).

¡Estás completa! "Y vosotros estáis completos en él" (Colosenses 2:10).

¡Estás segura! "[Nada] nos podrá separar del amor de Dios, que es en Cristo Jesús Señor nuestro" (Romanos 8:39).

¡Estás completa! "Y vosotros estáis completos en él" (Colosenses 2:10).

Y esto no es todo... solo es un pequeño vistazo a lo que Dios dice que eres. ¡La Palabra contiene muchas promesas para ti y para mí! La clave está en que tenemos que permitir que su voz y su verdad sean más sonoras que cualquier cosa que el mundo diga de un modo diferente.

Círculo completo

Han transcurrido muchos años desde el "incidente del restaurante" que me lanzó a una nueva comprensión de lo que me define y me da valor en esta vida. No puedo decir que no haya caído a veces de nuevo en mis viejos patrones de pensamientos. Sin embargo, puedo afirmar que, con el tiempo, la verdad ha triunfado sobre las mentiras del mundo. Me he liberado de las expectativas y las definiciones de las mentiras que el mundo ha puesto sobre mí. Y, más importante aún, he aprendido a vivir mi vida como Jesús, edificando mi casa sobre la Roca sólida en lugar de hacerlo en la arena movediza de este mundo.

Jesús sabía quién era. Ojalá que tú y yo descubramos nuestra identidad y nuestro valor en la verdad inmutable e inquebrantable de Dios.

Jesús, gracias por mostrarme cómo estar en el mundo, pero no ser de él. Viviste con confianza, sabiendo a quién pertenecías. Quiero hacer lo mismo. Ayúdame a descubrir mi identidad en ti y no en el mundo en el que vivo.

Perspectiva

Me siento traicionada

Me senté a la mesa del restaurante, frente a la mujer que yo creía mi amiga. Pero ahora…

—Te advertí que yo no era una buena amiga —me dijo.

—Sí, me lo dijiste de vez en cuando, a lo largo de los años —respondí—. Pero siempre has resultado ser una buena amiga. Necesito tu amistad —proseguí.

—Lo siento, no puedo dártela —replicó.

Y ese fue el final de la que creí que sería una amistad de por vida. Yo había derramado mi corazón, mi alma y mi tiempo en esta amistad durante más de diez años. Había desnudado mi alma. Había confiado en ella, y habíamos visto crecer juntos a nuestros hijos. Pero, al final, ella no fue una amiga leal y, hasta el día de hoy, diez años más tarde, la traición sigue doliendo cuando pienso en ello durante mucho tiempo.

La vida te hiere a veces. Las personas nos decepcionan. Nos fallan. Aquellas que creíamos nuestras amigas traicionan nuestra confianza, nos dejan y nos sentimos vulnerables y expuestas. Tristemente, es el precio que pagamos al vivir en comunidad con personas imperfectas. Y esto significa, por supuesto, que es probable que alguien también se sienta traicionado por nosotras en algún punto del camino. A veces herimos a otros sin intención, en nuestras respuestas humanas imperfectas.

Jesús vivió la vida en comunidad con sus amigos imperfectos, a quienes conocemos como los discípulos. Rieron, comieron, trabajaron, viajaron y se ocuparon juntos del ministerio durante tres años. E incluso después de todo ese tiempo de crear confianza, Judas eligió traicionar a Jesús. "Uno de los doce, el que se llamaba Judas Iscariote, fue a ver a los jefes de los sacerdotes. ¿Cuánto me dan, y yo les entrego a Jesús?, les propuso. Decidieron pagarle treinta monedas de plata. Y desde entonces Judas buscaba una oportunidad para entregarlo" (Mateo 26:14-16, NVI). Judas eligió renunciar a la amistad (y, en última instancia, a la eternidad en el cielo) por una ganancia económica personal a corto plazo. Su traición puso en marcha los acontecimientos que acabarían llevando a Jesús a su muerte en la cruz.

¿Imaginas las emociones que Jesús debió de haber sentido? Él se había abierto su corazón a ese hombre. Había confiado en él lo suficiente como para pedirle que formara parte de su pequeño grupo. Aunque como Dios sabía lo que Judas iba a hacer, lo más probable es que, en su humanidad, se sintiera herido y hasta decepcionado. Jesús tuvo que sentir lo mismo que tú y que yo cuando alguien nos falla.

El tiempo y el perdón son las únicas formas de avanzar después de que alguien te dejó una cicatriz en el corazón. Muchas veces no entenderemos del todo por qué alguien haría algo para herirnos tan profundamente. Sin embargo, hablar de la experiencia con Alguien que te entiende puede hacernos la mar de bien.

¿Estás sintiendo el aguijón de una relación rota? ¿Has construido un muro de protección en torno a ti, tan alto que nadie puede acercarse ahora a ti, por tus heridas pasadas? ¿Te gustaría hallar sanidad, avanzar y saber que no estás sola?

No sigas cargando con tu dolor. Abre la puerta de tu corazón a un Amigo que jamás te traicionará. Jesucristo es el mismo ayer, hoy y mañana. Ha sentido y experimentado lo mismo que tú. Es un Amigo que de verdad te entiende.

Ora…

Jesús, estoy segura de que tu corazón se debió de romper cuando Judas te traicionó. Gracias por comprender los sentimientos que yo experimenté cuando aquellos a los que amo han quebrantado mi corazón. Sé que tú me has diseñado para tener amistades en esta tierra, pero admito que temo que me vuelvan a herir. Muéstrame cómo encontrar una buena amiga y ser una también. Y, lo más importante, ayúdame a aprender a confiar en ti de un modo más pleno como mi Salvador, mi Señor y mi Amigo.

Descubre...

Lee Mateo capítulos 18 y 19.
Pídele a Dios que te muestre qué lecciones quiere que aprendas, de estos dos capítulos, para tu vida

VERDAD...

Para los hombres esto es imposible;
mas para Dios todo es posible.

MATEO 19:26

CAPÍTULO 9

DESCUBRE LA VERDAD DE DIOS:

JESÚS FUE TENTADO

La verdad sobre la tentación

Jesús fue llevado por el Espíritu al desierto para ser tentado. El diablo estaba listo para tentarlo. Jesús estaba preparado para la prueba, después de haber ayunado durante cuarenta días y cuarenta noches. Es evidente que aquello lo había dejado en un estado de hambre extrema, algo que el diablo aprovechó en su primera tentación:

> —Si eres Hijo de Dios, di que estas piedras se conviertan en pan.
>
> Jesús respondió citando Deuteronomio:
>
> —No solo de pan vivirá el hombre, sino de toda palabra que sale de la boca de Dios.
>
> Para la segunda tentación, el diablo lo llevó a la ciudad santa. Lo sentó en el pináculo del templo y le incitó:
>
> —Si eres el Hijo de Dios, tírate abajo. El diablo lo provocó citando el Salmo 91: "Él ordenará a sus ángeles que

te protejan. Y te sostendrán con sus manos para que ni siquiera te lastimes el pie con una piedra".

Jesús contrarrestó con otra cita de Deuteronomio:

—No tentarás al Señor tu Dios.

Para la tercera prueba, el diablo lo llevó a la cima de una enorme montaña. Le mostró todos los reinos de la tierra, lo gloriosos que eran. Luego le dijo:

—Todo esto —todo incluido— te daré si te postras y me adoras.

La negativa de Jesús fue brusca:

—¡Vete Satanás! —y respaldó su reprensión con una tercera cita de Deuteronomio—: "Teme al Señor tu Dios y sírvele a él. Cuando hagas un juramento, hazlo únicamente en su nombre".

La prueba había acabado. El diablo se fue. Y, en su lugar, ¡aparecieron ángeles! Los ángeles vinieron y se ocuparon de las necesidades de Jesús (ver Mateo 4:1-11, NTV).

La tentación tendrá lugar

Entender cómo vivió Jesús su vida nos prepara para la realidad de la nuestra. Esta historia de la Biblia sobre Jesús que se enfrenta a la tentación no es una excepción. Escuchar las historias de otras personas aporta esperanza o estímulo y, con frecuencia, refuerza nuestra fe. Con esto en mente, una de las partes más efectivas de una conferencia de Hearts at Home es lo que llamamos "Mi historia". A lo largo del año, las madres comparten sus historias reales con los millares de mujeres asistentes a cada conferencia. Algunas historias tratan las decepciones. Otras traen realidad a los retos de la vida. Y otras tocan las tentaciones.

La historia de Cheri era de tentación. A medida que ella contaba su relato, me vino a la mente la facilidad con la que la tentación camufla las mentiras. Estas nos hacen racionalizar, algo que acaba cegándonos a la verdad. Esta es la historia de Cheri en sus propias palabras:

> Llevo diez años casada con un hombre maravilloso. Tenemos cinco hijos, todos chicos. Siempre hemos sido felices en nuestro matrimonio, y mi esposo me ha parecido atractivo. Ambos nos describimos como felizmente casados, y jamás habríamos imaginado que algo podría interponerse entre nosotros.
>
> A lo largo de los años, oí hablar de la importancia de proteger tu matrimonio. Las oradoras de los talleres aconsejaban que se tuviera cuidado con compartir cosas con alguien del sexo opuesto. Advertían que no se pasara tiempo a solas con alguien del sexo contrario. Cada vez que yo escuchaba estos consejos, hacía caso omiso y pensaba para mí: *Yo jamás tendría una aventura; ¡somos tan felices, y nuestro matrimonio es tan bueno!* No me di cuenta de lo orgullosa que me había vuelto en mi corazón. Al pensar que la aventura era algo que jamás me sucedería a mí, bajé la guardia.
>
> Mi esposo y yo asistíamos a una pequeña iglesia. Éramos muy amigos de uno de los matrimonios que asistían. Con el tiempo, empecé a esperar con impaciencia cualquier momento para ver a ese hombre que era un buen amigo de mi marido. No tardamos en empezar a hablar por teléfono y, finalmente, él comenzó a asistir a los acontecimientos deportivos de mis hijos. De vez en cuando, yo me sentía un tanto culpable de que mi corazón divagara, pero justificaba rápidamente mis sentimientos, diciéndome a mí misma que él era como un hermano y recordándome que él mismo decía que yo era como una de sus hermanas. Además, era amigo de mi esposo. Hasta me pregunté si me sentía atraída por él, y la respuesta siempre era que

no. Racionalicé que todo estaba bien y que yo no estaba cruzando ningún límite que no debiera.

Un día, la realidad me golpeó y dejé de mentirme. En realidad, yo no pensaba en él como en un hermano; la verdad es que me sentía sumamente atraída por él y que los sentimientos eran muy fuertes. Poco después de que yo reconocí esto ante mí misma, mi marido me confesó que me había mentido respecto a la pornografía. Aunque me había dicho que no suponía una lucha para él, la verdad es que le había dedicado tiempo a mis espaldas. Nuestro estado de felizmente casados se estaba desvaneciendo, y me sentí destrozada por su confesión. De repente, ese otro hombre me resultó más atrayente y, además, ahora tenía una excusa para mi conducta y por sentirme atraída hacia él. En realidad no era justificable, porque ese otro hombre se había desarrollado antes de que mi esposo me hubiera contado su secreto. Sin embargo, en mi mente yo seguía echándole a él la culpa de mi comportamiento. Usé su fallo como chivo expiatorio del mío.

Cuando le confesé mis sentimientos al otro hombre, descubrí que la atracción era mutua. La realidad de este conocimiento hizo que tomara conciencia de que, si aparecía en mi casa cuando no hubiera nadie más, no estaba segura de decirle que no. Fue entonces cuando el temor se apoderó de mí y supe que tenía que tomar un rumbo distinto. Saqué mis sentimientos de la oscuridad a la luz, no solo poniendo al corriente al hombre sobre ellos, sino contándoselo también a mi esposo y a su mujer.

Yo sabía que la hierba no era realmente más verde del otro lado de la valla y también lo perjudicial que podría ser una aventura física, pero no podía detener mis sentimientos. Una noche recibí la llamada telefónica que tanto había temido. Él me llamó y me dijo que, aunque era lo último que quería decirme, nuestra relación tenía que cesar. No podíamos continuar porque ambos destrozaríamos nuestros hogares y nuestros matrimonios. Su esposa le había sido infiel una vez, y él se había esforzado lo indecible para recuperar su corazón y no quería volver a poner en peligro su matrimonio.

Al afrontar la realidad de lo que había sucedido, me vi obligada a reflexionar sobre cómo me las había apañado para transitar por una senda que yo me enorgullecía de no tomar jamás. Fue lo primero de lo que me di cuenta: el orgullo había nublado mi juicio. La vanagloria me había hecho pensar que esto no me ocurriría nunca a mí, que solo les pasaba a otros. El orgullo me había tenido racionalizando todo el camino. Cuando oía a otros hablar sobre una aventura, el orgullo me mantenía allí sentada pensando: *Es una buena historia para compartir, pero en realidad no necesito escucharla*.

Juzgaba a quienes tenían aventuras y a aquellos que eran cercanos a mí. Pensé que mi relación con mi esposo estaba a salvo, pero no era así. Pensé que estaba guardando mi corazón, pero no lo hacía. Había bajado la guardia y había permitido que el enemigo tuviera un asidero en nuestro matrimonio. Creo firmemente que, por mi franca comunicación con todas las partes implicadas, impedí que cruzáramos la línea y entráramos en una aventura física. Sin embargo, la verdad es que una aventura es una aventura, sea física o emocional. Ambas causan un daño terrible a un matrimonio.

Comparto esto con ustedes por obediencia a Dios. Sinceramente, es incómodo y humillante hablar de ello. Pero Dios lo ha usado para enseñarme la lección de que una aventura emocional es lo mismo que una aventura física. El pecado es pecado, y tú y yo siempre estamos a una decisión de destruir nuestro matrimonio y nuestra familia. Les ruego que no cometan el mismo error que yo. Guarden su corazón y protejan hoy su matrimonio.

La historia de Cheri podría ser tu historia o la mía. De hecho, yo tengo una similar a la suya. Mientras trabajaba en un lugar de cena teatro, siendo mis hijos pequeños, me sentí atraída por un hombre con el que trabajaba. Mis pensamientos sobre él dominaban mi mente y descubrí que disfrutaba más de mis horas de trabajo que del tiempo que pasaba en casa. Solo veía los puntos fuertes de este hombre y las debilidades de mi esposo. Tras varios meses, yo también decidí encender la luz y ser sincera con mi esposo. El asunto jamás cruzó el límite de convertirse en una relación física, pero le hizo mucho daño a nuestro matrimonio. La tentación es real, y debemos saber cómo reconocerla y vencerla.

Entender la tentación

La vida está llena de tentación. Solemos vernos tentadas por cosas poco sabias, inmorales o sencillamente incorrectas. Aunque se suele atribuir mayor importancia a la tentación sexual, nos enfrentamos a la tentación en muchísimos ámbitos de nuestra vida. Somos tentadas a comer demasiado o mucho de las clases de alimentos equivocados. Somos tentadas a ser perezosas o a dejar que otros hagan el trabajo si podemos salirnos con la nuestra. Somos tentadas a echarles la culpa a otros en lugar de aceptar la responsabilidad. Somos tentadas por el orgullo en vez de la humildad. Somos tentadas por la impaciencia, la ira y la falta de perdón en lugar de la paciencia, la gracia y el perdón. Somos tentadas a dudar en vez de creer.

> Cuando tengan que enfrentar cualquier tipo de problemas, considérenlo como un tiempo para alegrarse mucho.

Enfrentarse a la tentación es, en realidad, fortalecer nuestra fe. La Biblia así lo confirma en el libro de Santiago: "Amados hermanos, cuando tengan que enfrentar cualquier tipo de problemas, considérenlo como un tiempo para alegrarse mucho porque ustedes saben que, siempre que se pone a prueba la fe, la constancia tiene una oportunidad para desarrollarse. Así que dejen que crezca, pues una vez que su constancia se haya desarrollado plenamente, serán perfectos y completos, y no les faltará nada" (1:2-4, NTV). La tentación nos obliga a reconocer las encrucijadas del camino donde tenemos que hacer frente a una elección: ¿Elijo proceder a mi manera o a la manera de Dios? Otra forma de preguntarlo es: *¿Caminaré en la carne o en el Espíritu?* La Biblia declara: "Andad en el Espíritu, y no satisfagáis los deseos de la carne. Porque el deseo de la carne es contra el Espíritu, y el del Espíritu es contra la carne; y éstos se oponen entre sí, para que no hagáis lo que quisiereis" (Gálatas 5:16-17). La Biblia también nos dice que cuando vivimos por el Espíritu hay fruto, o bendiciones, en nuestra vida: "El fruto del Espíritu es amor, alegría, paz, paciencia, amabilidad, bondad, fidelidad, humildad y dominio propio" (Gálatas 5:22-23, NVI). Imagino que deseas estas cosas en tu vida tanto como yo. Quiero amar de un modo más pleno y experimentar gozo. Necesito paciencia... con urgencia. Quiero que me conozcan por lo amable, tierna, fiel y buena que soy. ¡Y necesito con desesperación tener dominio propio! Por tanto, lo que la Biblia nos dice es que, si reconocemos la encrucijada del camino y elegimos andar por el camino de Dios, experimentaremos estas bendiciones en nuestra vida. Además, nuestra fe se fortalece y nuestro carácter madura.

Otro "fruto" producido por enfrentarse a la tentación es el aumento de la empatía. He oído decir que las tentaciones y las pruebas son para la vida espiritual lo que el ejercicio en el gimnasio es para la vida física. Nos hacemos más fuertes en nuestra fe y más útiles para el reino. Una vez hayamos superado el reto nosotras mismas, somos más capaces de alentar, ayudar a alguien y compadecerse de quien está pasando por una experiencia similar.[11] La Biblia declara: "[Dios] nos consuela en todas nuestras dificultades para que nosotros podamos consolar a otros. Cuando otros pasen por dificultades,

11. Christian Wismer Ruth, *Temptations Peculiar to the Sanctified* (Kansas City, Mo: Nazarene Publishing House, 1928), concepto 2 parafraseado.

podremos ofrecerles el mismo consuelo que Dios nos ha dado a nosotros" (2 Corintios 1:4, NTV).

Es exactamente lo que Jesús hizo por nosotras. ¡Por esta razón es un Amigo que nos entiende! Compruébalo en el libro de Hebreos: "También sabemos que el Hijo no vino para ayudar a los ángeles, sino que vino para ayudar a los descendientes de Abraham. Por lo tanto, era necesario que en todo sentido él se hiciera semejante a nosotros, sus hermanos, para que fuera nuestro Sumo Sacerdote fiel y misericordioso, delante de Dios. Entonces podría ofrecer un sacrificio que quitaría los pecados del pueblo. Debido a que él mismo ha pasado por sufrimientos y pruebas, puede ayudarnos cuando pasamos por pruebas" (Hebreos 2:16-18, NTV). Jesús ha experimentado la tentación, entiende los retos ¡y caminará junto a nosotras en cada paso del camino!

Hay dos cosas más que necesitamos comprender respecto a la tentación antes de pasar a las estrategias para manejarla. En primer lugar, es importante entender la diferencia entre una equivocación y un pecado. Este tiene que ver con el corazón, mientras que la equivocación está relacionada con la cabeza. En otras palabras, un error es algo que hiciste cuando no sabías hacerlo mejor, y un pecado es algo que hiciste cuando ya tenías más conocimiento.[12] La tentación suele incitarnos al pecado; sabemos que está mal, pero nos atrae con mentiras y racionalización.

En segundo lugar, es importante comprender que la tentación no procede de Dios, sino del enemigo, que intenta, con todas sus fuerzas, apartarnos de Dios. En Santiago 1:13-15 (NVI) se confirman ambas cosas: "Que nadie, al ser tentado, diga: 'Es Dios quien me tienta'. Porque Dios no puede ser tentado por el mal, ni tampoco tienta él a nadie. Todo lo contrario, cada uno es tentado cuando sus propios malos deseos lo arrastran y seducen. Luego, cuando el deseo ha concebido, engendra el pecado; y el pecado, una vez que ha sido consumado, da a luz la muerte". Este versículo ilustra de verdad lo que sucede cuando hacemos una elección "carnal" en la encrucijada

12. Ruth, concepto 4 parafraseado.

del camino. Primero somos incitados, a continuación se desarrolla el deseo por el fruto prohibido, luego caminamos en la dirección incorrecta entrando en el pecado y, finalmente, experimentamos una separación de Dios (asemejada a la muerte), porque hemos elegido andar por nuestro camino y no por el de Dios. Pero no es Él quien se ha movido para causar dicha separación. Él se ha quedado en el mismo lugar. Somos tú y yo quienes nos hemos apartado de Dios, eligiendo caminar en la carne y no en el Espíritu. Y eso es exactamente lo que el enemigo quiere que hagamos... quiere que haya distancia entre Dios y nosotras.

Guerra espiritual

Aunque me crie en la iglesia, no comprendí hasta alcanzar la edad adulta que existía algo llamado guerra espiritual. En realidad, no entendía que de verdad había un diablo: siempre pensé que era algo creado con motivo de Halloween. Pero la Biblia habla muchas veces de Satanás. A continuación, unos cuantos de los muchos nombres por los que se le conoce:

El padre de mentira (Juan 8:44).
El malo o el maligno (Mateo 13:19, 38, NVI).
El príncipe de este mundo (Juan 12:31; 14:30; 16:11).
El espíritu maligno (1 Samuel 16:14, NVI).
El dominio de la oscuridad (Colosenses 1:13, NVI).
La serpiente (Génesis 3:4, 14; 2 Corintios 11:3).
El acusador (Apocalipsis 12:10).
El príncipe de los demonios (Mateo 12:24).
Un asesino (Juan 8:44, NVI).
El adversario (1 Pedro 5:8).
Espíritu de mentira (1 Reyes 22:22).
El tentador (Mateo 4:3; 1 Tesalonicenses 3:5).

La primera aparición de Satanás se produce en el libro de Génesis, donde lo encontramos en el jardín del Edén con Adán y Eva. Se manifiesta como la serpiente y provoca la duda respecto a las instrucciones que Dios les había dado referente a la posibilidad de comer de cualquier árbol del jardín, excepto del árbol del conocimiento del bien y del mal. Se le menciona a lo largo del Antiguo Testamento, pero juega un papel importante en el libro de Job. Ese libro cuenta la historia en la que Dios le permite a Satanás que tiente a Job, sabiendo muy bien que es un hombre justo y que podrá superar la prueba. En el Nuevo Testamento, también se hace referencia a Satanás, pero una de las veces más conocidas es cuando este tentó a Jesús en el desierto. Es la historia con la que inicié este capítulo. Como hay centenares de referencias a Satanás en la Biblia, hemos de concluir que existe. No podemos negar que hay un mundo espiritual que no podemos ver y que está activo en torno a nosotras. Podemos, asimismo, deducir que Satanás está siempre buscando formas de abrir una brecha entre Dios y nosotras. Su deseo supremo es aislar a la humanidad de Dios y a Él de esta.

Hace muchos años, leí dos libros que me abrieron los ojos a la realidad de un mundo espiritual que ni tú ni yo podemos ver. Eran los libros de Frank Peretti, *Esta patente oscuridad* y *Penetrando la oscuridad.* Aunque estos libros son de ficción, están basados en lo que la Biblia afirma sobre Satanás y sus demonios, que obran para producir el caos en nuestro mundo. Peretti hace que las batallas espirituales cobren vida de una forma gráfica y, al mismo tiempo, pinta una imagen impresionante del poder de la oración. La buena noticia es que, al final, Dios gana y Satanás pierde, aunque este libra una dura batalla y, tristemente, arrebata un gran número de vidas y causa un gran daño. Cuanto más entendemos que él existe y cómo obra, más capaces somos de esquivar la tentación u obtener la victoria cuando se cruza en nuestro camino.

Satanás es astuto y, con frecuencia, camuflará sus mentiras de maneras tan sigilosas que ni siquiera las reconoceremos como lo que son en realidad.

Satanás es astuto y, con frecuencia, camuflará sus mentiras de maneras tan sigilosas que ni siquiera las reconoceremos como lo que son en realidad. Hace poco hablé con Cheri, cuya historia compartí al principio de este capítulo. Después de que contó su historia con cinco mil mamás en la conferencia de Hearts at Home, mantuvo docenas de conversaciones con mujeres que pidieron hablar con ella durante la conferencia o después. La mayoría de ellas le dijeron que no se habían dado cuenta de que estaban siendo atraídas a una situación similar hasta que oyeron su historia. Ellas también habían racionalizado hasta quedar cegadas a la verdad. Si recuerdas, Cheri justificó que no había nada malo en su relación con aquel hombre de su iglesia. El enemigo le susurró mentiras, y ella las creyó. Si volvemos al ejemplo de Jesús, vemos a Satanás haciendo lo mismo... intentando atraer a Jesús con sus mentiras cuidadosamente elaboradas.

Sin embargo, también vemos el ejemplo de Jesús respecto a cómo manejar la tentación cuando se cruza en nuestro camino. Él desafía las mentiras y las desarma con el único antídoto para la tentación: la verdad... la poderosa verdad de Dios que nunca cambia.

Afrontar la tentación

Creer las mentiras del enemigo es como ingerir veneno. Y, como tal, las mentiras requieren un poderoso antídoto que contrarreste sus efectos. Si echamos un vistazo al ejemplo de Jesús, descubrimos que el antídoto que Él usó es la Palabra de Dios. Citó las Escrituras para socavar las mentiras.

Es necesario que conozcamos la Palabra de Dios. La Biblia es una "lámpara que guía mis pies y una luz para mi camino" (Salmos 119:105, NTV). ¡La precisamos para dirigir nuestros pensamientos y traer luz a la oscuridad de nuestras vidas!

Sin embargo, en aras de la sinceridad, siempre he luchado con memorizar las Escrituras. Los versículos que sé de memoria han salido de los CD infantiles que mis hijos han escuchado a lo largo de los años, y que solo son la Palabra de Dios con música. Cuando mis hijos eran pequeños, escuchábamos a Donut Man, cuyas canciones tenían música pegadiza y eran palabras directas de la Biblia. Una de las que puedo cantar hasta el día de hoy estaba basada en Filipenses 4:13: "Todo lo puedo hacer por medio de Cristo quien me da las fuerzas" (NTV). He pronunciado esta verdad muchas veces durante el transcurso de los años, cuando he necesitado la fuerza de Dios. Una de esas veces fue cuando Austin era un bebé diminuto. Cuando nació, tuvo algunos problemas de salud que necesitaron una resonancia magnética. Para poder practicársela, tuvo que estar acostado, muy quieto, mientras lo pasaban por un tubo muy pequeño. Para practicarle una prueba así a un bebé es necesario privarle de sueño. Hice lo que me indicaron y llevé a nuestro niñito, al que había mantenido tan despierto como pude (sinceramente, ¡yo había descansado mucho menos que él!). Sin embargo, no había forma de que Austin se durmiera para que realizaran la prueba. Por fin, una técnica me dijo que la única forma de poder acabar con aquello era que yo me introdujera en la máquina con Austin sobre mi vientre.

—¿Está hablando en serio? —respondí con pánico.

—Es la única forma —contestó ella.

El pánico siguió aumentando al recordar la vez en que me tuvieron que hacer una resonancia magnética a mí. Al ser claustrofóbica, el doctor me había recetado un ansiolítico para que me lo tomara el día de la prueba. Esta vez no había píldora alguna. Tras una breve lucha en mi mente, me acosté boca arriba, y la técnica colocó a Austin sobre mí. Empezamos a entrar en el tubo, vientre contra vientre. Él se acurrucó y se quedó dormido, justo cuando yo empezaba a dejarme dominar por el pánico claustrofóbico. Las mentiras llegaron con rapidez: "No puedes hacer esto... nunca lo conseguirás... no puedes salir de esta máquina... ya no eres tú quien tiene el control...". Pero a la misma velocidad que afloraron las mentiras, la Palabra de Dios acudió a mi mente: "Todo lo puedo hacer por medio de Cristo quien me da las fuerzas"; recité esas palabras una y otra vez en mi mente. Para mantenerme enfocada en la verdad, comencé a poner énfasis en una palabra distinta cada vez que declaré la verdad de Dios:

> "[***Yo***] todo lo puedo hacer por medio de Cristo quien me da las fuerzas".
>
> "[Yo] todo lo ***puedo*** hacer por medio de Cristo quien me da las fuerzas".

"[Yo] todo lo puedo ***hacer*** por medio de Cristo quien me da las fuerzas".

Seguí haciéndolo así hasta llegar al final de la frase, y volvía a empezar. En unos pocos minutos, el pánico se había calmado y en su lugar sentí una paz que "sobrepasa todo entendimiento" (Filipenses 4:7). Las mentiras quedaron desmontadas, y la verdad de Dios se reunió en mi mente. Es posible que no consideremos que una situación como esta pueda ser una tentación, pero lo es. Me sentí tentada a dejar que el temor reinara, pero la verdad de Dios convirtió el miedo en fe.

En unos pocos minutos, el pánico se había calmado y en su lugar sentí una paz que "sobrepasa todo entendimiento".

Ha habido otras veces en que la Palabra de Dios no me viene a la mente con tanta celeridad, pero recuerdo el concepto general de algo que he leído. Puedo centrar mi mente en él o, si tengo una Biblia o Internet a mano, puedo buscar el versículo en concreto usando la concordancia (que es como un índice para la Biblia). Cuando la organización sin fines lucrativos en la que Mark trabajó hace muchos años perdió la financiación privada que cubría su sueldo, tuve que enfrentarme a mentiras de temor y duda. Sentí la sensación de andar en la carne, intentando descifrar cómo nos las íbamos a apañar económicamente. Sabía que había un versículo en la Biblia sobre los planes de Dios para una, pero desconocía dónde se encontraba o lo que decía. Recurrí a mi concordancia al final de mi Biblia, busqué la palabra "plan" y encontré que el versículo era Jeremías 29:11: "Porque yo sé muy bien los planes que tengo para ustedes —afirma el Señor—, planes de bienestar y no de calamidad, a fin de darles un futuro y una esperanza" (NVI). Leí el versículo una y otra vez, y lo copié al final de mi Biblia para poder encontrarlo con facilidad. Lo escribí en unas cuantas tarjetas para poder poner una en mi cuarto de baño, otra en el tablero del auto y llevar una en mi bolso. Durante aquel período, la verdad de Dios mantuvo mis ojos en Aquel que mueve las montañas y no en la montaña misma. Y Dios empezó a revelar sus planes para el futuro durante las semanas siguientes cuando Él usó esto como una oportunidad para que Mark regresara al ministerio pastoral.

¿Cómo tratamos, pues, con la tentación cuando viene a nosotras (observa que he dicho *cuando* y no *si*)? Existen varios pasos que necesitamos dar para impedir la tentación y, a la vez, abordarla cuando nos vemos frente a ella.

1. Vestirse. La Biblia habla de ponerse toda la armadura de Dios, que es similar al guerrero que se viste según las necesidades de la batalla. Efesios 6:10-18 (NTV) explica esto:

   > Una palabra final: sean fuertes en el Señor y en su gran poder. Pónganse toda la armadura de Dios para poder mantenerse firmes contra todas las estrategias del diablo. Pues no luchamos contra enemigos de carne y hueso, sino contra gobernadores malignos y autoridades del mundo invisible, contra fuerzas poderosas de este mundo tenebroso y contra espíritus malignos de los lugares celestiales.
   >
   > Por lo tanto, pónganse todas las piezas de la armadura de Dios para poder resistir al enemigo en el tiempo del mal. Así, después de la batalla, todavía seguirán de pie, firmes. Defiendan su posición, poniéndose el cinturón de la verdad y la coraza de la justicia de Dios. Pónganse como calzado la paz que proviene de la Buena Noticia a fin de estar completamente preparados. Además de todo eso, levanten el escudo de la fe para detener las flechas encendidas del diablo. Pónganse la salvación como casco y tomen la espada del Espíritu, la cual es la palabra de Dios.
   >
   > Oren en el Espíritu en todo momento y en toda ocasión. Manténganse alerta y sean persistentes en sus oraciones por todos los creyentes en todas partes.

2. Mantenerse alejada de las situaciones tentadoras. Durante muchos años, mi marido y yo hemos mantenido una política en nuestro matrimonio de "no pasar tiempo a solas con alguien

del sexo opuesto". Tan solo es sentido común. Si quiero contratar los servicios de un entrenador personal en el gimnasio, pido que sea mujer. Si Mark aconseja a una mujer en la iglesia, deja la puerta abierta de par en par o las cortinas de la puerta que da al vestíbulo, completamente descorridas. Establece algunas estrategias que te mantengan fuera de las situaciones tentadoras.

3. Construir una valla de protección. En los tiempos de Jesús, los pastores construían una valla de arbustos espinosos alrededor de sus ovejas que pastaban. Esto las protegía de cualquier visitante animal poco grato que viniera a servirse una pata de cordero para la cena. Las ovejas quedaban protegidas de cualquier invasión, pero el desagradable visitante podía hacer aún mucho ruido aullando y asustar a las ovejas. En nuestra vida, necesitamos construir una valla de protección alrededor de nosotras, rindiéndoles cuenta a otros: vivir nuestra vida a la luz y no en tinieblas, y compartir nuestras luchas, así como las victorias. Y tenemos que ahogar las aullantes mentiras, encendiendo la verdad de Dios. Cuando tengo en marcha una emisora cristiana en mi auto, compruebo que al enemigo le resulta muy difícil meter baza. Estoy demasiado centrada en la verdad como para que las mentiras se cuelen.[13] Afrontar las mentiras es mucho más fácil cuando se hace de una forma proactiva en lugar de reactiva.

4. Usar la verdad de Dios. Jesús triunfó sobre la tentación diciendo: "Escrito está". Su única defensa fue la Palabra de Dios, que es "la espada del Espíritu" (Efesios 6:17). Los argumentos y la sabiduría humanos no son suficientes.[14] En Salmos 119:11 leemos: "He guardado tu palabra en mi corazón, para no pecar contra ti" (NTV). Cuando las mentiras se cruzan en nuestro camino, tenemos que reemplazarlas por la verdad de Dios que está escondida en nuestro corazón.

13. Ruth, concepto 6 parafraseado.
14. Ruth, concepto 11 parafraseado.

Jesús marcó la pauta para nosotras de cómo manejar las tentaciones de la vida. Ojalá tú y yo sigamos su ejemplo en cada paso del camino.

Señor Jesús, gracias por dejar ejemplo. No nos pides que hagamos algo que tú no hayas hecho antes. Gracias por darme tu fuerza cuando la mía es débil. Gracias por tu verdad que triunfa sobre las mentiras del enemigo. Y gracias por ser un Amigo que me entiende.

Perspectiva

Estoy decepcionada

Sabiendo que le quedaban pocos días de vida, Jesús fue con sus amigos al huerto de Getsemaní. Les comunicó lo afligido que se sentía, debido al dolor emocional y físico al que se estaba enfrentando. Les pidió que se quedaran con Él y oraran. Apartándose a un lugar donde estar a solas, Jesús derramó su corazón al Padre. Tras orar durante un rato, regresó a sus amigos ¡y los encontró durmiendo!

> Luego volvió a los discípulos y los encontró dormidos. Le dijo a Pedro: «¿No pudieron velar conmigo ni siquiera una hora? Velen y oren para que no cedan ante la tentación, porque el espíritu está dispuesto, pero el cuerpo es débil».
>
> Entonces Jesús los dejó por segunda vez y oró: «¡Padre mío! Si no es posible que pase esta copa a menos que yo la beba, entonces hágase tu voluntad». Cuando regresó de nuevo a donde estaban ellos, los encontró dormidos porque no podían mantener los ojos abiertos.
>
> Así que se fue a orar por tercera vez y repitió lo mismo. Luego se acercó a sus discípulos y les dijo: «¡Adelante, duerman y descansen! Pero miren, ha llegado la hora y el Hijo del Hombre es traicionado

y entregado en manos de pecadores» (Mateo 26:40-46, NTV).

En su momento de mayor necesidad, ¡los amigos de Jesús se quedaron dormidos en el trabajo! ¡Qué enorme decepción fue para Él! ¿No notas la frustración que expresó cada vez que encontró a sus amigos dormidos?

La decepción es parte de la experiencia humana. Nuestro esposo nos defraudará. Nuestros hijos nos fallarán. Los amigos y los parientes quebrantarán sus promesas. Las circunstancias fuera de control nos desilusionarán. Nadie puede escapar a la realidad de las decepciones de la vida.

¿Cómo manejamos la decepción en nuestra vida? Creo que la respuesta es la gracia. Es algo que recibimos, pero que no merecemos; no merecemos la gracia… es un don de Dios. Cuando damos gracia a otros, decidimos permitir que los demás sean humanos, que cometan errores, sin enojarnos con ellos cada vez. Cuanto más entendemos nuestra propia necesidad de la gracia de Dios, más fácil nos resulta perdonar y extender esa gracia a otros.

¿Te sientes decepcionada? ¿Estás dispuesta a declarar: "¡Ey, esta no es la vida que yo elegí!"? ¿Alguien no ha cumplido sus promesas? No desesperes, Jesús entiende por lo que estás pasando. Sus amigos lo defraudaron, pero Él es único amigo que nunca nos decepcionará.

Ora…

Jesús, cuán decepcionante tuvo que haber sido para ti encontrar a tus amigos durmiendo después de haberles pedido que estuvieran allí para ti. Sin lugar a duda, la vida también ha tenido su parte de decepciones para mí. Ayúdame a olvidar y dar gracia cuando alguien me falla. Quiero ser más como tú cada día.

Descubre…

Lee Mateo capítulos 20 y 21.
Antes de leer, pídele a Dios que te hable de forma personal por medio de su Palabra.

VERDAD…

Y no solo en esto, sino también en nuestros sufrimientos, porque sabemos que el sufrimiento produce perseverancia; la perseverancia, entereza de carácter; la entereza de carácter, esperanza.

ROMANOS 5:3-4 (NVI)

CAPÍTULO 10

DESCUBRE LA VERDAD DE DIOS:

JESÚS LLORÓ

La verdad sobre nuestras emociones

"*Jesús lloró*". Juan 11:35 es el versículo más corto de la Biblia. Sin embargo, su implicación respecto a la experiencia humana de Jesús es poderosa.

María y Marta enviaron a decirle a Jesús que su hermano, Lázaro, estaba sumamente enfermo. Lázaro y Jesús eran amigos, y las mujeres sabían que a Él le gustaría saber que se estaba muriendo. Cuando por fin llegó Jesús, hacía cuatro días que Lázaro había fallecido. El dolor era abrumador cuando las mujeres condujeron a Jesús hasta la tumba de su hermano. Cuando llegaron al lugar donde Lázaro había sido sepultado, Jesús lloró.

Tras un tiempo de recogimiento en su dolor, Cristo hizo una petición.

> «Corran la piedra a un lado», les dijo Jesús.
>
> Entonces Marta, la hermana del muerto, protestó:
>
> —Señor, hace cuatro días que murió. Debe haber un olor espantoso.

> Jesús respondió:
>
> —¿No te dije que si crees, verás la gloria de Dios?
>
> Así que corrieron la piedra a un lado. Entonces Jesús miró al cielo y dijo: «Padre, gracias por haberme oído. Tú siempre me oyes, pero lo dije en voz alta por el bien de toda esta gente que está aquí, para que crean que tú me enviaste». Entonces Jesús gritó: «¡Lázaro, sal de ahí!». Y el muerto salió de la tumba con las manos y los pies envueltos con vendas de entierro y la cabeza enrollada en un lienzo. Jesús les dijo: «¡Quítenle las vendas y déjenlo ir!» (Juan 11:39-44, NTV).

Qué momento debió de haber sido para los presentes. Fueron capaces de experimentar las dos naturalezas de Jesús: plenamente Dios y por completo hombre. El papa León I declaró: "En su humanidad, Jesús lloró por Lázaro; en su divinidad, lo levantó de los muertos".

No hay una sola de nosotras que no haya llorado de tristeza o que no haya sufrido la pérdida de alguien querido. Como podemos ver aquí, Jesús experimentó también esas emociones. Él *es* un Amigo que entiende.

¿Qué son las emociones?

Las emociones son sentimientos proporcionados por Dios en nuestro interior, que nos motivan para movernos en una dirección. El enojo nos impulsa a la justicia. El gozo nos lleva a celebrar. El dolor nos empuja a recordar. La esperanza nos incita a seguir adelante.

Dios nos ha dado una amplia gama de emociones para ayudarnos a adaptarnos a una vida con un gran abanico de experiencias. Dios incluso ha llegado tan lejos como para relacionar nuestras experiencias físicas con las emocionales. Por ejemplo, cuando nos sentimos angustiadas o temerosas, las pulsaciones de nuestro corazón aumentan y, con frecuencia, empezamos a sudar. Recuerdo una ocasión cuando perdí de vista a mi niña pequeña en unos grandes almacenes. Había estado a mi lado, agarrada a mi sudadera y, al minuto siguiente, había desaparecido. La sensación de miedo se apoderó de mí al ponerme de inmediato en modo búsqueda y rescate a gran escala. Mi respiración se aceleró, el corazón empezó a latir más rápido, y el estómago se me tensó mientras caminaba a toda prisa por todo el departamento de ropa de dama. Cuando por fin la encontré debajo de un perchero, recitando todos los colores que podía ver, sentí enseguida el alivio físico.

El mundo psiquiátrico califica las emociones como positivas y negativas. Las positivas son los sentimientos como el amor, el gozo, la esperanza, la paz o la gratitud, y nos ayudan a desarrollarnos. Las negativas son sentimientos como el miedo, la angustia, el enojo o el dolor, y nos ayudan a sobrevivir.[15] Creo que, a los ojos de Dios, todas nuestras emociones son positivas, porque Él nos las dio y estamos hechas a su imagen. Sin embargo, comprender las dos categorías de emociones es algo valioso, porque nuestra salud física, nuestra capacidad de superación y el bienestar general dependen de vivir en las supuestas emociones positivas, y solo experimentar las negativas de vez en cuando. Si vivimos a diario en las emociones negativas, nuestra salud física se verá comprometida, porque no estamos diseñadas para vivir con el corazón en la boca o con la presión sanguínea por las nubes. Y cuando las emociones negativas persisten más allá de su utilidad, no solo producen efectos secundarios físicos, sino también una irritabilidad innecesaria, trastornos de ansiedad y depresión.

¿Son verdaderas las emociones?

Es importante que entendamos nuestras emociones, pero también nuestras limitaciones. Dios nos dio emociones para poder navegar por los altibajos de la experiencia humana. Si pensamos en la vida como en un auto, nuestras emociones serían el volante de nuestra vida, que determina la dirección en la que nos movemos.

El Dr. David Eckman, autor de *Becoming Who God Intended* [Cómo transformarte en la persona que Dios quiere que seas], afirma: "Las

15. En línea, www.psicounsel.com/earlcurley/chapter4.html.

emociones son la música del alma. Te dicen lo que estás pensando realmente. Cuando Dios creó la música, creó la emoción para que fuera su contrapartida dentro de nosotros. Como una bella melodía que acompaña la letra de una canción, las emociones son la música de fondo de nuestros pensamientos y creencias. Si nuestras creencias son pobres, nuestras emociones también lo serán, y si son saludables, nuestras emociones serán poderosamente positivas".[16]

Si nuestras creencias son pobres, nuestras emociones también lo serán, y si son saludables, nuestras emociones serán poderosamente positivas.

¡Qué hermosa descripción de nuestras emociones! (tal vez sea la profesora de música que hay en mí, que se ha conectado de verdad con esta analogía), pero ¡qué poderosa imagen describe él también con esa declaración sobre las limitaciones de nuestras emociones! Aunque es Dios quien nos las ha dado, nuestras emociones requieren un fundamento de fe para mantenernos en sintonía con Dios y su designio. Nuestras emociones no siempre nos dicen la verdad. Como cuando escuchas un sonido por la noche y, de repente, te asustas, pero solo era el gato que chocó con un jarrón en el salón y no había ladrón alguno, como tú temías. O como cuando te sientes insegura y angustiada en medio de una multitud de personas, y piensas: *No pertenezco aquí. No le gusto a nadie. Soy inútil y estoy sola por completo.* Puede ser que estos sean tus sentimientos y sean muy *reales*, pero no son necesariamente *verdad*.

De manera especial, cuando tratamos con sentimientos relacionados con la valía y la autoestima, necesitamos que la verdad de Dios dirija nuestro camino. Cuando tenemos pensamientos como "No le importo a nadie… no valgo nada", y los pasamos por el filtro de la verdad de Dios, descubrimos que no son verdad. Dios afirma exactamente lo contrario. Él dice: "A mí me importa", en Juan 3:16, "Porque de tal manera amó Dios al mundo [¡esa eres tú!] que dio a su Hijo unigénito". Y en Lucas 12:6-7: "¿No se venden cinco pajarillos por dos cuartos? Con todo, ni uno de ellos está olvidado delante de

16. En línea, http://whatgodintended.com/content/god-faith-emotions.asp.

Dios. Pues aun los cabellos de vuestra cabeza están todos contados. No temáis, pues; más valéis vosotros que muchos pajarillos".

El fundamento de nuestro bienestar emocional se reduce, en realidad, a la confianza. ¿Confías en Dios y en lo que Él dice? ¿Confío en mi cónyuge? ¿Confío en los demás? Cuando confiamos en Dios, permitimos que el Espíritu Santo nos llene, nos guíe y nos hable. ¿Recuerdas los frutos del Espíritu de los que hablamos en el capítulo 9? Cuando dejamos que el Espíritu de Dios nos dirija, experimentamos amor, gozo, paz, paciencia, benignidad, bondad, fe, mansedumbre, templanza (ver Gálatas 5:22-23). ¡Son todas emociones positivas! Es el estado emocional en el que Dios quiere que vivamos, porque cuando somos llenas del Espíritu, estamos espiritual, física y emocionalmente sanas.

Las emociones de Jesús al descubierto

A Jesús se le podía describir como amoroso, alegre, apacible, paciente, amable, fiel, bondadoso y con dominio propio. A pesar de ello, sabemos que hubo veces en que también se permitió experimentar enojo, dolor y frustración.

Vemos las emociones de Jesús gráficamente al descubierto en el huerto de Getsemaní, según narra Mateo 26:36-42 (NTV). Fue a orar allí la noche anterior a ser crucificado en la cruz. "Entonces Jesús fue con ellos al huerto de olivos llamado Getsemaní y dijo: 'Siéntense aquí mientras voy allí para orar'. Se llevó a Pedro y a los hijos de Zebedeo, Santiago y Juan, y comenzó a afligirse y angustiarse. Les dijo: 'Mi alma está destrozada de tanta tristeza, hasta el punto de la muerte. Quédense aquí y velen conmigo'". Una tristeza angustiosa que le destrozaba la vida... ¡Vaya! ¡Esa sí es profunda tristeza! ¿Y pensamos que Él no comprende nuestras emociones y nuestras experiencias?

El relato prosigue: "Él se adelantó un poco más y se inclinó rostro en tierra mientras oraba: '¡Padre mío! Si es posible, que pase de mí esta copa de sufrimiento. Sin embargo, quiero que se haga tu voluntad, no la mía'". En su humanidad, Jesús sentía pavor. Sentía pavor ante la dolorosa muerte en la cruz.

"Luego volvió a los discípulos y los encontró dormidos. Le dijo a Pedro: '¿No pudieron velar conmigo ni siquiera una hora? Velen y oren para que no cedan ante la tentación, porque el espíritu está dispuesto, pero el cuerpo es débil'". ¿Puedes oír la frustración en su voz?

"Entonces Jesús los dejó por segunda vez y oró: '¡Padre mío! Si no es posible que pase esta copa a menos que yo la beba, entonces hágase tu voluntad'". Jesús se está enfrentando a la verdad. Sabe que su muerte en la cruz es la única forma que Dios tiene para volver a tener una relación íntima con las personas a las que creó con tanto amor.

Jesús experimentó casi todas las emociones que nosotras sentimos, desde el nivel de las frustraciones y los gozos cotidianos hasta las profundidades de la intensidad.

Jesús experimentó casi todas las emociones que nosotras sentimos, desde el nivel de las frustraciones y los gozos cotidianos hasta las profundidades de la intensidad. Una vez entendido esto, tú y yo podemos hacer un poco de autoevaluación. ¿Paso más tiempo en un estado emocional positivo o negativo? ¿En qué me centro, en la paz o en la angustia? ¿En el amor o en el odio? ¿En el perdón o en el enojo? ¿En la esperanza o en la desesperanza? ¿En la confianza o en el temor? Nuestras respuestas sinceras a estas preguntas nos proporcionarán una fotografía de nuestra salud emocional.

Además de entender las emociones positivas y negativas, es necesario que comprendamos que, a menudo, hacemos todo tipo de cosas interesantes con nuestras emociones. Las ponemos en marcha para manipular a los demás o las apagamos para evitar sentir algo que tememos, porque podría doler demasiado. Alguna autoevaluación respecto a estos usos equivocados de nuestras emociones también es útil. ¿Uso mis emociones (de forma no verbal) para conseguir lo que quiero? ¿Las sustituyo por palabras? ¿Digo que las cosas no me molestan cuando, en realidad, sí lo hacen? Al hacernos este tipo de preguntas, somos capaces de estar en mayor sintonía con nosotras mismas. Cuanto más conscientes seamos de lo que ocurre en nuestro interior, mejor esposa, madre, amiga y vecina seremos.

A lo largo de los años, Mark y yo hemos aprendido a buscar la salud emocional con tanta energía como perseguimos la salud física. Del mismo modo en que ejercitamos nuestro cuerpo, hacemos lo propio con nuestra mente al sintonizarla con nuestras emociones, formulándonos preguntas evaluativas de vez en cuando y hablando el uno con el otro sobre lo que estamos sintiendo. Cuando descubrimos que no teníamos salud emocional, con patrones de pensamientos o de conducta negativos que han persistido más de lo debido, recurrimos a un consejero cristiano con la misma celeridad que lo habríamos hecho a un doctor en medicina. Tristemente, muchos de nosotros, incluso en el seno de la comunidad cristiana, consideramos la consejería como un estigma, algo que nos parece más vergonzoso que saludable. Pero nuestra salud emocional establece los fundamentos para nuestras relaciones, un aspecto vital de la vida. Muchas madres experimentan la depresión, en especial después de haber tenido un bebé. Esta clase de depresión está causada, en realidad, por el desequilibrio hormonal del cuerpo y/o cambios químicos en el cerebro. La depresión se produce cuando "la depresión postparto se muda para quedarse". Angie, madre de cuatro hijos, compartió su historia sobre la depresión en una de nuestras conferencias de Hearts at Home. Este es su relato en sus propias palabras:

> Soy una mujer fuerte, educada para tener logros y destacar. Fui una buena niña, buena estudiante y graduada universitaria. Soy la esposa de un tipo ocupado y cuatro veces madre. Mi historia empieza hace varios años.
>
> Luchamos contra la infertilidad durante años. Aunque el camino estuvo lleno de enfermedad, abortos naturales y nacimientos prematuros, por fin fui madre de un niño que iba a la guardería, uno que apenas caminaba y mellizos recién nacidos. A pesar de la borrosidad de aquellos primeros meses tras el nacimiento de los mellizos, decidí ser una Supermamá y una maravillosa esposa para mi marido. Pero, en algún punto de ese camino, algo sucedió. De alguna manera, una parte de mi alma escapó.

Dos años antes, dejé mi trabajo soñado como planificadora de eventos corporativos para una empresa exitosa. Sentía que Dios me estaba llamando a abandonar mi trabajo lleno de estrés que tanto satisfacía mi ego para concentrarme en los milagros con los que Él había bendecido mi vida. Abordé la maternidad en el hogar como un cambio de profesión y estaba segura, como de ninguna otra cosa, de que podría hacerlo bien. No estaba preparada para la forma en que esta decisión me iba a cambiar a mí, mi vida y quien yo creía ser. Me parecía estar enfrentándome constantemente a retos y fracasando en todos ellos: mi "maternidad" quedándome en casa, mi matrimonio, mis amistades, mi familia. ¿Acaso no había nada más que eso?

Tras el nacimiento de los mellizos, hubo poco gozo, solo aguante. No vivía, solo sobrevivía. Me replegué y cada vez estaba más enojada. Mi necesidad de quedarme en casa se convirtió en temor de dejar a mis hijos y mi casa. La preocupación y la angustia me vencieron. Dejé de asistir a mi grupo de Madres de Preescolares (MOPS, por sus siglas en inglés) y otras actividades. Comenzó un círculo vicioso cuando las personas dejaron de intentar acertar con lo que me decían, y yo me retraje más, sabiendo que sin duda había algo que no iba bien en mí. Empecé a hundirme cada vez más, y mi alma empezó a cerrarse. Mi pequeña y bienintencionada ciudad parecía no albergar a nadie que pudiera llegar a mí.

Por fuera, yo parecía mostrar el mensaje "lo tengo todo controlado". Pero, tras esa fachada, había lágrimas y desesperación. Si alguien más me hubiera preguntado en aquellos días "¿Te gusta quedarte en casa?", habría gritado. Pero es que luego lo hice. Empecé a chillar… a todo el mundo: mi familia, mis amistades, mis preciosos hijitos. Mi vida se estaba deshaciendo.

Lo que iba mal y lo que yo no entendía era que estaba luchando con la depresión. Esta es la primera vez que he pronunciado en público la palabra. Depresión. La depresión es una enfermedad, una dolencia. La depresión es una invitada no deseada.

Aquella siguiente primavera, di un paso ENORME y viajé sola a mi primera conferencia Hearts at Home. Bueno, yo y mi invitada indeseada. Dentro de mi cabeza, las voces coreaban: "Esto no está funcionando, estás fracasando". Me senté cerca de la salida, por si necesitaba tomarme un respiro. En una sala de tres mil mujeres, me sentí completamente sola.

Me sentí animada por los cánticos y los mensajes, pero me pasé toda la conferencia llorando. Pasé por alto la oportunidad de hablar con alguien, recurrir a alguien, abrir mi alma a la sanidad que necesitaba. Podía sentir vagamente el estímulo, la necesidad de soltarlo todo. Regresé a casa confusa respecto a cómo aferrarme a mi vida con toda esta nueva información, ser una madre de esas que otras se esforzaban por ser, y que yo veía: feliz, satisfecha, llena de gozo, una madre y esposa piadosa. Escuché todos los mensajes, pero no estaba preparada para dejar que se asentaran en mí.

"No se supone que seas madre tú sola, no se supone que seas una madre sola" parecía susurrarle a mi triste, triste alma. Consideré quitarme la vida. Recuerdo haber clamado a Dios diciéndole que ya no podía seguir más, suplicándole que hiciera algo. Pensaba que le había fallado a mi familia, que le había fallado a Dios. Tal vez todos estarían mejor sin mí.

Sin embargo, Dios se metió en mi corazón, me rodeó y me inundó. Antes de la conferencia, yo había elegido estar

> sola, dejar que esta soledad se apoderara de mí. Pero Dios estaba esperando pacientemente. Estaba allí para recuperarme; lo único que yo tenía que hacer era permitírselo.
>
> Dios no tiró la toalla conmigo respecto a recuperarme, de modo que tengo que darles las gracias a ustedes, las mujeres de Hearts at Home. Aquellos susurros de "no se supone que seas madre tú sola" empezaron pronto a hacerse más intensos, más insistentes. Las historias alentadoras y las oradoras en la conferencia, mi madre que oraba de rodillas por mí, una amiga que vino a ayudarme o quedarse, personas de mi iglesia que me dijeron que se preocupaban y oraban por mí. Todos estos pequeños actos de bondad me transmitían un gran amor conforme yo empezaba a arrastrarme para salir de las profundidades en las que me estaba ahogando. Solo por la gracia de Dios y por la ayuda de una maravillosa consejera profesional durante casi tres años, estoy aquí para compartir mi historia con ustedes.
>
> Soy una estadística. Y algunas de ustedes también. Una de cada tres mujeres en este país sufre de depresión, y la mayoría de ellas no siguen tratamiento alguno. La depresión se mudó a mi vida, mi alma, pero se le ha pedido que desaloje. Soy la prueba viviente de que se puede encontrar vida después de la desesperación.
>
> Esta es mi historia. No permitas que sea la tuya. Si estás luchando contra la desesperación que he descrito, te pido, por ti y por el bien de tu familia: consigue la ayuda que necesitas.

Me siento agradecida por mujeres como Angie que están dispuestas a ser sinceras sobre la depresión y otros retos emocionales. Y lo que más me gusta es su ejemplo de buscar ayuda cuando esta es necesaria. No hay nada vergonzoso en conseguir la ayuda emocional que precisamos. De hecho, gran parte de la vida trata de las relaciones. Podemos tener la mejor salud física posible y que nuestras relaciones se estén desmoronando a nuestro alrededor, porque no nos tomamos en serio nuestra salud emocional.

Asuntos internos

Nuestras emociones son como la corriente eléctrica y nos recorren en todo tiempo. Cuanto más conscientes somos de nuestros asuntos internos, mejor resultado tendremos en nuestros asuntos externos. Será más agradable estar con nosotras, y seremos más capaces de manejar la responsabilidad. Será menos probable que nuestros propios hijos y su mala conducta nos manipulen. Seremos mejores comunicadoras y escucharemos mejor. Las personas emocionalmente sanas tienen más éxito como padres, en su matrimonio y en sus relaciones en general.

Dios nos creó con emociones multifacéticas. Jesús experimentó esas mismas emociones. Ojalá sigamos su ejemplo y aceptemos nuestras emociones, las entendamos de un modo más pleno y las usemos de manera responsable.

Jesús, gracias por mostrarme cómo vivir y cómo responder a la vida de manera emocional. Gracias, Dios, por haberme creado para sentir. Es una experiencia realmente maravillosa. Ayúdame a estar más en sintonía con lo que pasa en mi cabeza y en mi corazón. Muéstrame tu verdad cuando mis emociones quieren decirme otra cosa. Y ayúdame a amar, a vivir y a experimentar la vida de un modo saludable.

Perspectiva

¡Yo no lo hice!

"¿Que dijo qué?", respondí incrédula cuando mi amiga me informó de algo que alguien le había contado que yo había dicho y hecho. Era una absoluta mentira, y yo no podía entender cómo alguien podía inventar algo así y seguir viviendo consigo misma. Escuché unos minutos más y le dije a mi amiga que no quería oír nada más.

Cuando se marchó, reflexioné en la mentira que se había difundido sobre mí y de la que me acababa de enterar. Era como si hubiera vuelto a la escuela secundaria y estuviera tratando con la fábrica de rumores de la adolescencia.

—Dios, no estoy muy segura de lo que debería hacer con esta información —oré en voz alta.

—*Yo soy tu defensor* —dijo la suave y callada voz de la verdad en mi cabeza.

—Esto es nuevo para mí, Señor. No sé si te he considerado alguna vez mi defensor —respondí.

—*¿Confías en mí?*

—Quiero hacerlo.

—*Ah, por cierto... Yo también fui acusado falsamente en una ocasión.*

—Gracias por el recordatorio. Creo que nunca antes pensé en ello de esta forma.

Cuando saqué mi Biblia y busqué la palabra "defender" en mi concordancia, Dios confirmó lo que yo acababa de oírle decir:

> Cuando ellos clamen al Señor por causa de sus opresores, él les enviará un salvador y defensor que los librará (Isaías 19:20, NVI).
>
> Defiende mi causa, rescátame; dame vida conforme a tu promesa (Salmos 119:154, NVI).
>
> Pero tengan en cuenta que no hay por qué preparar una defensa de antemano, pues yo mismo les daré tal elocuencia y sabiduría para responder que ningún adversario podrá resistirles ni contradecirles (Lucas 21:14-15, NVI).

Jesús es nuestro Defensor. Él se sitúa en la brecha por nosotros, delante de Dios. Desvía las flechas acusadoras del enemigo. Pero no solo eso, sino que comprende qué se siente cuando se es acusado falsamente. En su época en esta tierra, se difundieron muchas mentiras sobre Él. Los fariseos no pudieron aceptar su capacidad de hacer milagros, así que respondieron: "Este no echa fuera los demonios sino por Beelzebú, príncipe de los demonios" (Mateo 12:24). ¡Dijeron que Jesús era un intermediario de Satanás y no Dios! Es una mentira bastante grande. Se burlaron de Él cuando estaba en la cruz y hasta lo llamaron "mentiroso" en los días posteriores a su muerte, pero antes de su resurrección (Mateo 27:63, NTV). Se esparcieron tantas mentiras sobre Jesús que cualquier intento de "arreglar" su reputación habría sido fútil. Jesús sabía que la verdad sería su defensa. Y la verdad es verdad independientemente de que la crean o no.

Alguien dijo una vez: "Una vida de integridad no necesita defensa". En esto tenía que establecer mi corazón respecto a este rumor. "Dios, te ruego que uses mi carácter para defenderme contra cualquiera que pudiera escuchar estas palabras falsas. Es cierto que he cometido errores a lo largo del camino, pero he intentado vivir tan correctamente como me ha sido posible. Solo tú puedes defenderme, y deposito mi confianza y mi esperanza en ti".

¿Te han acusado falsamente? ¿Alguien le ha comentado algo poco amable de ti a otra persona? Si esto es así, no estás sola. Jesús mismo experimentó estas cosas. No solo entiende los sentimientos, sino que está dispuesto a ser nuestro Protector y Defensor si nos hacemos a un lado y le dejamos hacer su trabajo.

Ora...

Jesús, me siento impotente cuando, a veces, soy incapaz de aclarar las cosas. Sin embargo, sé que ese sentimiento procede de intentar hacer las cosas por mí misma. Ayúdame a confiar en ti como mi Defensor. Tú te enfrentaste a acusaciones tremendas; no permitas que yo olvide que sabes cómo me siento y que nunca me abandonarás en los momentos más difíciles de mi vida.

Descubre...

Lee Mateo capítulos 22 y 23.
Antes de leer, ora para que Dios abra los ojos de tu corazón a su verdad.

VERDAD...

"Ama al Señor tu Dios con todo tu corazón, con toda tu alma y con toda tu mente". Este es el primer mandamiento y el más importante.

Mateo 22:37-38 (NTV)

CAPÍTULO 11

DESCUBRE LA VERDAD DE DIOS:

JESÚS ORÓ

La verdad sobre la oración

Mientras doblaba la camiseta de Mark, inicié mi conversación con Dios. "Dios, gracias por mi esposo. Gracias por todo aquello que tú destinaste que fuera cuando lo creaste". Alisé unos *jeans* con un "Señor, ayúdale a recurrir a ti para su valía y no a su trabajo o a lo que el mundo ofrece falsamente. Te ruego que sea un hombre que anhele tu verdad". Al empezar a emparejar sus calcetines, oré: "Mantén sus pies en tu senda, Señor. Ayúdale a caminar en el Espíritu con mayor frecuencia que en la carne".

Al sacar un par de camisetas de Erica de la cesta de la ropa, rogué: "Señor, ayuda a Erica a preferir lo que tú ofreces en lugar de lo que el mundo tiene que brindar. Mantenla fuerte contra la presión de sus compañeros que experimenta en la escuela secundaria".

Un par de *jeans* de Austin fueron lo siguiente en el montón: "Señor, tiene once años y está intentando hallar su lugar en el mundo. Reprendo las mentiras del enemigo que pudieran hacerle buscar la aceptación en los lugares equivocados".

Les tocó el turno a los *jeans* de Kolya: "Señor, Kolya tiene su bagaje de nueve años en un orfelinato. Muéstrame sus necesidades emocionales y cómo suplirlas mejor".

Un par de prendas mías vinieron a continuación. “Dios, necesito tu dirección para crear un grupo de mamás en nuestra nueva iglesia. ¿Es esto algo que tú quieres que yo haga? Te ruego que abras o cierres la puerta de esa posibilidad”. Acabé la carga de ropa dándole gracias a Dios por un marido e hijos que han bendecido mi vida.

¡La oración ha revolucionado mi vida y la ropa de mi familia!

Comunicarse con Dios

¿Sabías que la oración es tan solo tener una conversación con Dios? Con demasiada frecuencia, estamos tan centradas en la parte “religiosa” de las cosas que nos perdemos la vertiente relacional que está designada a ser. No hay forma correcta o incorrecta de orar, como tampoco hay una forma correcta o incorrecta de mantener una conversación con una amiga. Nuestras amistades reflejan nuestra personalidad, y nuestra amistad con Dios no es distinta. Sin embargo, del mismo modo, una amistad también está formada por muchas clases de conversaciones. Está la rápida: “Hola, ¿qué tal estás?”, que puedes mantener en una llamada telefónica de cinco minutos. Luego está la de: “Necesito tu consejo”, cuando una persona le pide a otra sabiduría. Y también están las conversaciones profundas, sinceras, que se producen cuando dos personas desnudan realmente su alma la una ante la otra. Todas estas conversaciones forman una amistad y también son necesarias en nuestra amistad con Dios.

El Señor quiere que conversemos con Él y también desea hablarnos. Anhela una relación, y una verdadera no puede ser jamás unilateral. Hablamos, y Él escucha. Escuchamos, y Él habla. Pero ¿cómo lo hacemos? ¿Cómo aprendemos a hablar cómodamente con Dios? ¿Cómo aprendemos a escuchar su voz?

Una vez más, Jesús da ejemplo. Él pasó una gran cantidad de tiempo orando. Estaba construyendo intimidad con su Padre, buscando dirección y encontrando fuerza espiritual para el viaje. Necesitamos las mismas cosas ¡y por ello tenemos necesidad de orar! Echemos un vistazo al ejemplo de Jesús y respondamos estas preguntas sobre la oración: ¿Dónde? ¿Cuándo? ¿Por qué? ¿Cómo?

¿Dónde?

Considerando la vida de Jesús respecto a la oración, una de las primeras cosas que observé fue que en realidad no lo vemos orando en una reunión religiosa, en una sinagoga o ni siquiera en público con demasiada frecuencia. Es muy posible que lo hiciera y, sencillamente, que no se registrara, pero podemos concluir que Jesús oró más a menudo fuera de un entorno público y que solía apartarse de las distracciones para poder concentrarse en Dios. Leemos que oraba dondequiera que se encontrara: en un monte, un río, un jardín o en lo que suele aludirse como "un lugar solitario". Aquí tienes algunos de los pasajes donde vemos esto en la Biblia:

> En aquellos días él [Jesús] fue al monte a orar, y pasó la noche orando a Dios (Lucas 6:12).
>
> Cierto día, en que las multitudes se bautizaban, Jesús mismo fue bautizado. Mientras él oraba, los cielos se abrieron, y el Espíritu Santo, en forma visible, descendió sobre él como una paloma (Lucas 3:21-22, NTV).
>
> Entonces llegó Jesús con ellos a un lugar que se llama Getsemaní, y dijo a sus discípulos: Sentaos aquí, entre tanto que voy allí y oro (Mateo 26:36).
>
> Muy de madrugada, cuando todavía estaba oscuro, Jesús se levantó, salió de la casa y se fue a un lugar solitario, donde se puso a orar (Marcos 1:35, NVI).

Esto nos deja un modelo: nuestra vida de oración es algo que ocurre fuera del domingo por la mañana en la iglesia. Ciertamente, oramos en la iglesia, pero más importante aún es que la necesidad tiene que ser parte de nuestra vida cotidiana. Jesús nos mostró que necesitábamos vivir la vida con una actitud de oración, y esto significa en realidad ser consciente de la presencia de Dios en todo tiempo.

¿Cómo sigue, pues, una mamá el ejemplo de Jesús? ¡Ora a lo largo del día, inspirada por cualquier cosa que esté haciendo! Así revolucioné lavar la ropa, fregar los platos, limpiar la casa y hasta compartir el auto. Convertí mis tareas en indicadores de oración, usando la ropa de mi familia, el auto y el entorno del hogar como inspiración para orar.

Observar a mis hijos jugar en el parque podría provocar un momento de acción de gracias: "Dios, gracias por estos hermosos hijos que me has dado. Gracias por sus personalidades únicas". Mientras disfruto de una interpretación de Anne, Evan o Erica en el escenario, en un recital de piano, me he tomado unos momentos para charlar con el Señor: "Padre, gracias por los talentos únicos que le has dado a mi hija. Ayúdame a encontrar el equilibrio perfecto de alentar, pero sin controlar ni empujar". Mientras Austin jugaba al baloncesto, y Kolya practicaba atletismo, oré: "Dios, te ruego que pongas tu mano de protección sobre mi hijo. Te pido que esto le proporcione la fuerza física, pero sobre todo ruego por su carácter. Ojalá que vea que ganar en el mundo y ganar a tus ojos son cosas completamente distintas. Te pido que él quiera agradarte más a ti que a cualquiera de este mundo". Estas han sido oraciones silenciosas tan solo entre Dios y yo, pero han sido plegarias sentidas, sinceras, que salían del corazón de una madre.

La vida cotidiana nos proporciona muchas oportunidades para bendecir a nuestra familia. Ora pidiendo sabiduría, protección y dirección, y solo pasa tiempo hablando con Dios. Puedes encender la radio en una emisora cristiana y dejar que Dios te hable a través de la música cuando te toque a ti ser la conductora del auto compartido. Susurra: "Dios, quiero escuchar tu voz. Trae tu verdad a mi mente. Dirige mis ojos para ver tu creación con nuevos ojos hoy", mientras estés sentada en un banco del parque observando a tus hijos jugar. Una vez, cuando estaba orando así, de repente me fijé en los pájaros dispersados por todo el parque. No los había mirado de cerca antes. Eran de distintas formas, tamaños y colores. Dios me recordó este versículo de la Biblia: "¿No se venden cinco gorriones por dos moneditas? Sin embargo, Dios no se olvida de ninguno de ellos. Así mismo sucede con ustedes: aun los cabellos de su cabeza están contados. No tengan miedo; ustedes valen más que muchos gorriones" (Lucas

12:6-7, NVI). No recordaba las palabras exactas del versículo o dónde se encontraba exactamente en la Biblia, pero recordaba el concepto. En ese momento, Dios me habló sobre el valor que yo tenía para Él. No hubo voz del cielo, ni se abrieron las nubes, y la conciencia duró tan solo unos dos minutos. Pero me conectó a la verdad y me produjo una paz interna que necesitaba con urgencia tras una tarde agotadora de cuidados maternales.

Dios, quiero escuchar tu voz. Trae tu verdad a mi mente. Dirige mis ojos para ver tu creación con nuevos ojos hoy.

Jesús oró de manera espontánea... Me gusta denominarlos "aperitivos con Dios". Pero Él también oraba deliberadamente... y esos momentos son como comer con Dios. Una relación vibrante y creciente necesita los dos tipos de interacciones. En algún lugar de mi viaje de maternidad, escuché a una oradora sugerir que creáramos una "cesta de oración" para ayudar con esos ratos de comida intencional con Dios. Puedes crear un cesto con todas tus herramientas: la Biblia, un diario de oración y un devocional. Yo también guardo en mi cesta tarjetas de notas para escribirle una nota a una amiga por la que Dios me haya impulsado a orar un día en particular. Una comida con Dios podría ser tan breve como de cinco a diez minutos, cuando tus hijos estén entretenidos, o de veinte o más durante el tiempo de su siesta.

Muchas veces, cuando me siento a conversar con Dios, descubro que estoy cansada. En lugar de luchar contra los sentimientos, cierro los ojos y hago una pequeña siesta. Jesús lo entiende. ¡Él también se cansó!

He aprendido también a llevar encima mi lista de "quehaceres" durante mis comidas con Dios. Parece que cuando bajo el ritmo para leer la Biblia y conversar con Dios, empiezo a pensar en todas las cosas que tengo que hacer: descongelar las hamburguesas para la cena, llamar y volver a programar una cita con el dentista o buscar la prenda que olvidé en la tintorería. En lugar de intentar mantener una lista mental en mi cabeza que me distrae de mi tiempo con Dios, me limito a garabatear esas cosas para que mi mente quede libre para centrarse en Él.

Estés en el dormitorio doblando ropa, en la cocina preparando la cena, en tu butaca reclinable favorita en la sala familiar o en el auto de camino a buscar a los niños a la escuela, una vida vibrante de oración puede revolucionar cualquier actividad. Dios está listo, disponible y esperando para hablar con nosotras en cualquier momento, durante el día.

¿Dónde ora, pues, una mamá? ¡Dondequiera que se encuentre!

¿Cuándo?

"Jesús salió de la ciudad y, como de costumbre, se dirigió al monte de los Olivos, y sus discípulos lo siguieron. Cuando llegaron al lugar, les dijo: 'Oren para que no caigan en tentación'" (Lucas 22:39-40, NVI). Cuando leo este versículo sobre la vida de oración de Jesús, tres palabras destacan ante mis ojos: como de costumbre. Esta era una rutina regular para Jesús. ¡Cómo deseo esto en mi vida! Quiero que mis hijos puedan decir: "Mamá está fuera hablando con Dios, en el porche, como de costumbre". O: "Mamá está en el comedor, leyendo su Biblia, como de costumbre". O: "Como de costumbre, mamá está escribiéndole a Dios en su diario, mientras nosotros descansamos".

Sé que tengo que darme cierto margen, porque en la maternidad pocas cosas son *como de costumbre*. ¡Cada día, en realidad cada momento, está lleno de sorpresas! Tú y yo tenemos que esperar esto y estar dispuestas a subir a la montaña rusa de la maternidad, con las manos agarradas muy por encima de la cabeza. Llegarán giros y curvas que interferirán con los planes mejor trazados. Sin embargo, debo admitir que son muchos los días en que pasar tiempo con Dios, de forma intencional, ni siquiera se me pasa por la mente. Me concentro demasiado en las tareas. Me permito reaccionar ante mi día en lugar de dejar que sea Dios quien me dirija. Lleno mis horas de citas con el dentista, el ortodoncista y el médico, y ni siquiera hago un pequeño apunte a lápiz para una cita con Dios.

A pesar de ello, Dios espera... anhelándome a mí, y también a ti, deseando que pasemos tiempo con Él. Tiene regalos para ti y para mí que permanecen envueltos y sin abrir: paz, gozo, paciencia y verdad. Quiere escuchar nuestro corazón y compartir el suyo con nosotras.

Jesús estaba ocupado, pero nunca demasiado para orar. Eso es lo que quiero en mi vida. Soy una madre ocupada, pero no quiero estar nunca demasiado ocupada para orar. En este ámbito, anhelo ser más como Jesucristo y que mi oración siga el modelo de la suya. Y una vez más seguir su ejemplo.

Cuando Jesús fue a la tumba de Lázaro y tomó la decisión de resucitarlo, oró porque había una necesidad. "Así que corrieron la piedra a un lado. Entonces Jesús miró al cielo y dijo: 'Padre, gracias por haberme oído. Tú siempre me oyes, pero lo dije en voz alta por el bien de toda esta gente que está aquí, para que crean que tú me enviaste'" (Juan 11:41-42, NTV). Jesús necesitaba darle las gracias a Dios por el milagro que estaba a punto de realizar. Necesitaba darle la gloria en público.

Cuando Jesús necesitaba fuerza, oraba. Solo unos días antes de su muerte en la cruz, Jesús pidió "en oración que, si fuera posible, pasara de él la horrible hora que le esperaba. 'Abba, Padre —clamó—, todo es posible para ti. Te pido que quites esta copa de sufrimiento de mí. Sin embargo, quiero que se haga tu voluntad, no la mía'" (Marcos 14:35-36, NTV). Jesús estaba agotado. Necesitaba derramar su corazón delante de Dios. Sometió su carne —su vida— a Dios. ¡Cuán a menudo necesito hacer esto mismo! He elevado ese tipo de ruego cuando me he enfrentado a una dura decisión, a una conversación difícil o cuando he querido aferrarme a mis hijos que están madurando en lugar de dejarlos ir. Pero necesito hacerlo con mayor frecuencia.

Sabemos que una relación con Dios es una calle de doble sentido.

Sabemos que una relación con Dios es una calle de doble sentido. Jesús pasó muchas horas —incluso una noche entera— orando. Esa clase de tiempo no se pasa tan solo hablando con Dios; también se escucha y se recibe dirección. Dios nos habla por medio de su Palabra (la Biblia) y por el Espíritu Santo. Han sido muchas las veces que he pasado por alto las incitaciones de Dios y otras en las que sí las he reconocido y he respondido de la forma adecuada. Recuerdo una ocasión específica en que lo capté del modo correcto.

Cuando Mark y yo compramos nuestra granja antigua, tuvimos que realizar tanta renovación que ni siquiera pudimos pensar qué hacer con el hoyo vacío de dos metros cuarenta por tres, revestido de hormigón en el jardín lateral. Dos años después de la mudanza, empezamos a hablar de convertir aquel agujero, en el que el hormigón está ahora resquebrajado, en un estanque. Tras mucha investigación, decidimos tristemente que, aunque solo fuera un pequeño estanque, se salía de nuestro presupuesto. El coste del revestido, los filtros, las rocas y las plantas era, sencillamente, demasiado caro. Una mañana, estando yo sentada en el porche, Dios habló a mi corazón: *Jill, no has orado por el estanque.* Era verdad. Ni siquiera habíamos considerado pedirle a Dios algo que parecía un deseo tan trivial, aunque extravagante. No era una necesidad… decididamente pertenecía a la categoría de "quiero".

Cuando Mark llegó a casa aquella noche, compartí con él lo que Dios había puesto en mi corazón. Acordamos orar y ver lo que Dios tenía para nosotros. Dos semanas después de empezar a orar, estaba leyendo nuestro periódico local y encontré una columna titulada "Buenos vecinos", donde las personas pueden anunciar artículos que quieren dar. Estas palabras atraparon mi mirada: "Tengo un estanque de jardín para dar. El interesado tiene que estar dispuesto a desmantelarlo". ¡No podía creer lo que veía! Corrí donde estaba Mark y le mostré el periódico. Él me alentó a escribir una respuesta de inmediato.

"Buenos vecinos" publica anuncios sin ninguna información de contacto. Si alguien se interesa por el artículo ofrecido, escribe al periódico. Las respuestas se publican después con la información de contacto, y ya es responsabilidad de la primera parte llamar a los interesados y organizar la retirada del objeto.

Escribí al periódico indicando nuestro interés. Varios días después, abrí el periódico y fui a la columna. Allí estaba nuestra respuesta y nuestra información de contacto… ¡junto a otros quince, aproximadamente, que también estaban interesados! Se me paró el corazón. Nuestro anuncio se hallaba más o menos a la mitad de la lista. Si la dueña del estanque empezaba por arriba, se lo daría a una de las primeras respuestas que aparecían. Suspiré y oré: "Dios, en tus manos está. Si este estanque tiene que ser para nosotros, abre tú el camino. Si no, te ruego que nos des paz en todo este asunto".

Aquella misma tarde, horas después, el teléfono sonó.

—Hola —dijo una voz que no me resultaba familiar—. Soy la que tengo el estanque para regalar. ¿Siguen ustedes interesados?

—¡Sí! —respondí—. ¡Hemos estado orando por un estanque y nos encantaría tenerlo!

—Bien —respondió ella entusiasmada—. Me ha abrumado ver todas las respuestas y no sabía qué hacer, de modo que también he orado y Dios atrajo mis ojos a tu respuesta.

Ambas nos maravillamos ante la dirección de Dios en todo aquel asunto. Tras una breve conversación, me dio su dirección y quedamos en una hora en que nuestra familia fuera a desmantelar el estanque de su jardín, que ella ya no quería. Hoy, nuestro "Estanque de Dios" es un recordatorio visual de la capacidad que Él tiene de hablarnos e incitarnos a orar. También nos recuerda que Dios se interesa por las cosas que queremos y también por nuestras necesidades.

Jesús apartaba tiempo deliberadamente para pasarlo con su Padre celestial. A veces iba solo: "Muy de madrugada, cuando todavía estaba oscuro, Jesús se levantó, salió de la casa y se fue a un lugar solitario, donde se puso a orar" (Marcos 1:35, NVI). Otras veces, llevaba a sus amigos, sus discípulos, con Él: "[Jesús]... tomó a Pedro, a Juan y a Jacobo, y subió al monte a orar" (Lucas 9:28).

¿Has notado alguna vez que cuanto más tiempo pasas con tus amigas, más acabas siendo como ellas? Empiezas usando las mismas frases. Eliges algunas de sus inflexiones al hablar. O tal vez lo hayas notado más con tus hijos; son más descarados o respondones después de pasar tiempo con cierto amigo. La influencia puede ser positiva o negativa, pero la verdad es que nos volvemos como aquellos con los que pasamos tiempo.

Lo mismo ocurre con Dios. Si pasamos tiempo con Dios, ¡llegaremos a ser más como Él! Es una influencia positiva en mi vida y, desde luego, ¡también quiero eso para mis hijos! Hacer una cita con Dios cada día nos ayuda a ser deliberados respecto a pasar tiempo con Él. Pero ¿cuándo debería suceder? ¿Debería ser lo primero por la mañana? ¿Es esto a lo que aluden las personas cuando dicen que disfrutan de un "tiempo devocional" diario?

En los círculos cristianos, al tiempo que se pasa con Dios se lo suele denominar "tiempo devocional"; podría tener lugar en la mejor parte de tu día. Si eres una persona madrugadora, sería por la mañana. Si eres nocturna, podrías descubrir que una tarde, o un tiempo por la noche con Dios sería lo mejor para ti. No hay momento correcto o incorrecto del día; Jesús tenía su "tiempo devocional" en distintos momentos del día. La Biblia afirma que "Por aquel tiempo se fue Jesús a la montaña a orar, y pasó toda la noche en oración a Dios" (Lucas 6:12, NVI). Esto indica que Jesús pasó tiempo con Dios durante el día e incluso durante toda una noche. Como acabamos de leer, Marcos 1:35 nos dice que, a veces, Jesús se levantaba y oraba antes del amanecer, "muy de madrugada".

Tu tiempo devocional también podría ser una disciplina que elijas buscar. Conozco a varias personas que no son mañaneras, pero eligen levantarse temprano y pasar algún tiempo con Dios antes de empezar su día. Cada vez que intentaba hacerlo, ¡parecía que mis hijos se levantaban antes y antes también! Sin embargo, aprendí a ver el lado positivo de esto. Cuando bajaban las escaleras y me encontraban sentada en una silla con mi Biblia, mi ejemplo hablaba más alto que mis palabras. En ocasiones se acurrucaban en mi regazo, y yo les leía unos cuantos versículos en alto.

En mi caso, creo que funciona mejor tener la cita con Dios al final de la mañana. Una vez que los niños han salido para la escuela, me dirijo al gimnasio. Luego regreso a casa a ducharme y tener mi tiempo devocional para empezar mi día. Algunas veces, el programa funciona bien y otras es para mí un reto.

Jesús se llevaba en ocasiones a sus amigos con Él a orar. Yo compararía esa experiencia al tiempo de oración que comparto con mi grupo Moms In Prayer [Mamás en Oración]. Moms In Prayer International tiene repercusiones en los niños y las escuelas de todo el mundo, para Cristo, reuniendo a las madres para orar.[17] Empecé

17. Declaración de la misión de Moms In Touch en www.momsintouch.org.

a orar con otras madres cuando nuestra hija mayor, Anne, comenzó en el jardín de infantes. Sinceramente, me sentía más preocupada por el traslado en el autobús escolar que porque fuera a la guardería. Pero decidí presentarle mis inquietudes a Dios. ¡Ese compromiso de una hora a la semana cambió mi vida de oración! Entré en Moms In Prayer preguntándome cómo podía alguien orar durante toda una hora. Pronto aprendí, sin embargo, que hay mucho de lo que hablar con Dios cuando se ora por los hijos y su escuela. Si te gustaría ver si hay un grupo de Moms In Prayer cerca de ti, compruébalo en www.momsinprayer.org/es.

Dios no es quisquilloso respecto a cuándo pases tiempo con Él; puede ser lo primero de la mañana, durante la hora de la siesta por la tarde o antes de acostarte. ¡Él solo quiere que pases tiempo con Él!

¿Cuándo deberías orar? Cada vez que haya una necesidad, cada vez que Dios te incite a hacerlo o cuando tú planees pasar tiempo con Él. Cualquier tiempo es el adecuado para pasarlo con Dios.

¿Por qué?

Si no estás convencida de la importancia de la oración, el cuándo y el dónde no importarán nunca. ¿Por qué deberíamos orar? ¿Qué sucede cuando oramos? ¿Por qué es tan importante la oración? Las respuestas a estas preguntas servirán de fundamento para nuestra vida de oración.

Cuando pasamos tiempo con una amiga, profundizamos la intimidad de la amistad. Una razón por la que oramos es para ahondar nuestra intimidad con Dios. Él quiere escuchar nuestro corazón, pero también anhela que conozcamos el suyo. Muchas veces veremos a Dios a través del filtro de nuestra experiencia con nuestro padre terrenal. Pero rara vez nos proporciona esto una imagen precisa y equilibrada de quién es Dios realmente. Cuanto más tiempo pasamos con Él, más aprendemos de su carácter. Y, en última instancia, esto construye confianza, una de las partes más importantes de cualquier relación duradera. Jesús pasó bastante tiempo con Dios para confiar en el plan que tenía para Él de morir en la cruz por nosotras. ¡Eso es un montón de confianza!

¿Sientes alguna vez que algo es absolutamente imposible? Tal vez sea una relación que necesitas cambiar o circunstancias que superan nuestro control. Podrían ser necesidades físicas o económicas. La oración cambia una "misión imposible" en una "misión posible". ¿Por qué? Porque orar desbloquea el poder de Dios en tu vida, que puede cambiar la naturaleza, las circunstancias y el corazón de las personas. La Biblia nos cuenta muchos incidentes donde el poder de Dios cambió lo que se habría considerado imposible. Cuando una tormenta terrible causó gran temor y puso a los discípulos en peligro, Jesús calmó la tempestad (Marcos 4:35-41). Cuando Pedro estuvo en prisión, Dios hizo que las cadenas cayeran de las muñecas de Pedro y envió a un ángel para rescatarlo (Hechos 12:6-17). Cuando Saulo viajaba por un camino, Dios lo cambió de un declarado perseguidor de los cristianos a Pablo, uno de los predicadores más eficaces de la verdad de Dios. (Lee la historia de la conversión de Pablo en Hechos 9:1-31). ¡Nada es imposible para Dios! Y cuando tú y yo oramos, lo imposible se hace posible en nuestra vida.

> Orar desbloquea el poder de Dios en tu vida, que puede cambiar la naturaleza, las circunstancias y el corazón de las personas.

Otra razón por la que oramos es para librar batalla en el mundo espiritual. ¿Recuerdas nuestro capítulo sobre la tentación? Existe una lucha espiritual del bien y el mal que se desarrolla a nuestro alrededor todo el tiempo. No podemos verla, pero podemos aprender a reconocerla. Y tenemos que recordar que la oración es un arma que podemos usar en la pelea contra las estratagemas del enemigo para engañar. Efesios 6:10-12 y 18 (NTV) trata esto:

> Una palabra final: sean fuertes en el Señor y en su gran poder. Pónganse toda la armadura de Dios para poder mantenerse firmes contra todas las estrategias del diablo. Pues no luchamos contra enemigos de carne y hueso, sino contra gobernadores malignos y autoridades del mundo invisible, contra fuerzas poderosas de este mundo tenebroso y contra espíritus malignos de los lugares celestia-

> les... Oren en el Espíritu en todo momento y en toda ocasión. Manténganse alerta y sean persistentes en sus oraciones por todos los creyentes en todas partes.

Las oraciones aumentan nuestra intimidad con Dios, abren un canal para el poder de Dios en nuestra vida y son un arma poderosa contra las batallas espirituales. Alguien dijo una vez que cuando trabajamos, trabajamos, pero cuando oramos, Dios trabaja. Estoy dispuesta a apostar que tú quieres tanto como yo que Dios trabaje en tu vida. La oración es la clave para hacer que esto suceda.

¿Por qué deberíamos, pues, orar? ¡Porque Dios es capaz, generoso, fuerte, poderoso, está disponible, es justo, perdonador y anhela que le permitamos el acceso pleno a nuestro corazón y nuestra vida!

¿Cómo?

A veces, nuestras oraciones pueden sonar a la lista de las compras más que a una conversación sincera. Como seres humanos, padecemos un caso grave del virus del "dame". Dame más paciencia, te lo ruego, Dios. Dame este trabajo. Dame una salida para esta situación. Si lo haces, yo ________________________. Es entonces cuando los "dames" pasan al regateo: si haces esto, Dios, yo haré lo otro. Nuestras oraciones por defecto suceden, sencillamente, porque no sabemos la diferencia. Pero Jesús nunca nos falla. Una vez más, Él nos mostró el camino.

> Una vez, Jesús estaba orando en cierto lugar. Cuando terminó, uno de sus discípulos se le acercó y le dijo:
>
> —Señor, enséñanos a orar, así como Juan les enseñó a sus discípulos.
>
> Jesús dijo:
>
> —Deberían orar de la siguiente manera:
>
> Padre nuestro que estás en el cielo,
> que sea siempre santo tu nombre.

Que tu reino venga pronto.
Que se cumpla tu voluntad en la tierra
  como se cumple en el cielo.
Danos hoy el alimento que necesitamos,
y perdónanos nuestros pecados,
  así como hemos perdonado a los que pecan contra
  nosotros.
No permitas que cedamos ante la tentación,
  sino rescátanos del maligno (Lucas 11:1-2;
  Mateo 6:9-13, NTV).

Es posible que tú y yo conozcamos esto como el Padrenuestro, que suele recitarse con frecuencia en los cultos cada domingo. Sin embargo, lo que vemos es que no era una oración que tuviéramos que repetir, sino un ejemplo que Jesús dio mientras enseñaba a los discípulos cómo orar. Fijándonos de cerca en esta plegaria, podemos aprender cómo orar de un modo más completo.

"Padre nuestro que estás en el cielo, que sea siempre santo tu nombre". Jesús nos ordena que empecemos nuestras oraciones alabando y adorando a Dios. Cuando lo hacemos, nos concentramos únicamente en Él, retiramos nuestros ojos de nosotras mismas y los fijamos en Dios. Actuar así purifica nuestro corazón y nos sitúa en un lugar correcto delante de Dios. También le da a Él la gloria que merece y se centra en quien Él es.

Para mí hay dos frases que me mantienen enfocada en la adoración: "Dios, te alabo, porque eres ____________________". O, sencillamente, "Dios, tú eres ____________________". Los huecos se rellenan con palabras que describen a Dios como perdonador, digno, poderoso, esperanza, amor, gozo, paz, bueno, justo, verdad, omnisciente ¡y más! Tras alabar a Dios, es necesario que le demos gracias por su obra en nuestra vida. Esto también es darle a Dios la gloria que merece. Con demasiada frecuencia, oramos y después olvidamos decir "gracias" por las oraciones contestadas.

"Que tu reino venga pronto. Que se cumpla tu voluntad en la tierra como se cumple en el cielo". Necesitamos orar por la voluntad de Dios por encima de la nuestra, reconociendo que Él tiene la capacidad de ver todo el contexto de cualquier situación. Tú y yo estamos limitadas en nuestra perspectiva, pero Dios no tiene limitaciones. Él es omnisciente, y nosotras tenemos que aprender a confiar en que Él tiene en mente la imagen panorámica.

"Danos hoy el alimento que necesitamos". Dios quiere que le pidamos aquello que necesitamos. Quiere que le llevemos nuestras esperanzas, nuestros deseos, nuestras necesidades y nuestra voluntad a Él. Me encanta cómo parafrasea Lucas 11:9-13 la versión *The Message* en inglés. Traducido literalmente dice:

> Esto es lo que estoy diciendo:
> Pidan y recibirán;
> Busquen y encontrarán;
> Llamen, y la puerta se abrirá.
>
> No regatees con Dios. Sé directa. Pide aquello que necesites. No estamos en un juego del ratón y el gato, ni de las escondidas. Si tu pequeño te pide que le sirvas pescado, ¿lo asustarás poniendo una serpiente viva en su plato? Si tu pequeña te pide un huevo, ¿la engañarás con una araña? Por mala que seas, no se te ocurriría algo así; al menos eres decente con tus propios hijos. ¿Y no crees que el Padre que te concibió en amor te dará el Espíritu Santo cuando se lo pidas?

"Y perdónanos nuestros pecados, así como hemos perdonado a los que pecan contra nosotros". Aquí, Jesús nos está diciendo que la confesión es una parte importante de la oración. Es necesario llamar a nuestros pecados por su nombre, reconocerlos y pedir perdón. Esto limpia nuestra conciencia y nos permite sentir el alivio de la gracia y del perdón de Dios. Y es más probable que experimentemos cambio en nuestra vida cuando seamos totalmente sinceras respecto a nuestros pecados.

"No permitas que cedamos ante la tentación, sino rescátanos del maligno". Esto nos lleva de nuevo a la importancia de orar contra la obra del enemigo. Si no reconocemos la tentación que Satanás presenta, caeremos en ella. La oración construye nuestro arsenal de armas para luchar contra el diablo.

El poder de la oración

Bill Hybels declara en su libro *Too Busy Not to Pray* [Demasiado ocupado para no orar]: "La oración es una actividad poco natural. Desde el nacimiento hemos estado aprendiendo las normas de la autosuficiencia, conforme nos esforzamos y luchamos por alcanzar nuestra autonomía. La oración va en contra de esos valores profundamente arraigados. Es un ataque a la autonomía humana, una acusación contra la vida independiente. Para quienes van por la vía rápida, decididos a conseguir las cosas por sí solos, la oración es una interrupción incómoda. La oración es ajena a nuestra orgullosa naturaleza humana. A pesar de ello, en algún momento, en algún lugar, es probable que todos nosotros lleguemos al punto de caer de rodillas, inclinar nuestra cabeza, fijar nuestra atención en Dios y orar".[18]

Coincido con Hybels, pero también he descubierto que Dios se dedica a cambiar lo que no es natural en nuestra vida y a hacerlo natural. Para Él, todo es crear un "nuevo normal", mientras hacemos este viaje de fe. No se puede entrar en contacto con el Dios del universo y no ser cambiado de alguna manera.

Ojalá que tú y yo sigamos el ejemplo de Jesús y convirtamos la oración en una prioridad en nuestra vida.

Señor, quiero profundizar mi relación contigo. Ayúdame a pensar en la oración de un modo diferente, una forma que abra las líneas de comunicación para que pueda conocerte mejor y sea capaz de compartir mi corazón con mayor libertad, construyendo confianza a lo largo del camino. Gracias, Jesús, por predicar con el ejemplo y mostrarme el camino.

---

18. Bill Hybels, *Too Busy Not to Pray* (Downers Grove, Ill.: InterVarsity Press, 1988), p. 7.

Perspectiva

¡Nunca hay suficiente dinero ni tiempo, y no puedo salir!

"¡Ojalá tuviéramos televisión por cable!", se quejó mi marido una noche de verano, hace varios años. "Lo sé, a veces a mí también me gustaría tenerla", respondí. Durante la mayor parte de nuestro matrimonio, llegar a fin de mes ha sido una tarea difícil. Hemos vivido de la manera más frugal posible, pero la realidad de tener una gran familia y con el modesto ingreso de un pastor ha supuesto un reto extremo.

Hace varios años, tuve la oportunidad de viajar a El Salvador con Compassion International. Fue una experiencia aleccionadora, ya que no había visto nunca tanta pobreza en toda mi vida. La última noche de nuestro viaje, uno de nuestros líderes formuló una pregunta a la que sigo dándole vueltas en mi cabeza. Preguntó: "¿Qué es lo opuesto a la pobreza?".

La mayoría de nosotras respondería que es "riqueza". Esta parece la respuesta lógica, pero no es la correcta. Wes Stafford, director general de Compassion, proporcionó la respuesta. Lo opuesto a la pobreza es "suficiente".

Suficiente comida para no tener malnutrición. Suficiente cuidado sanitario para no tener parásitos en el estómago. Suficiente dinero para poder proporcionar un techo que cubra a tu familia, una nutrición básica y cuidado sanitario.

La mayoría de nosotras vivimos en un lugar que tiene "más que suficiente" y, siendo francas, esto nos hace ricas. Nunca me he considerado rica en cuarenta y tantos años de vida. Crecí en una familia acomodada. Según los estándares culturales, jamás se nos habría considerado ricos… sin embargo, lo éramos. Mark y yo hemos escatimado, arañado céntimo a céntimo y nos hemos privado de muchas cosas en muchos ámbitos de nuestra vida. Muchas han sido las veces que nos hemos preguntado si nuestra economía daría de sí. Pero siempre hemos tenido suficiente… en realidad hemos tenido más que suficiente. Sencillamente, yo no me percataba de ello, porque nunca había visto a nadie que de verdad no tuviera bastante.

Hubo un tiempo en que Jesús se enfrentó a no tener bastante. Se vio frente a cinco mil personas que lo habían escuchado enseñar durante varios días. Al tercer día, Jesús les dijo a los discípulos que dieran de comer a la multitud. Los discípulos respondieron que no podían hacerlo, porque solo tenían cinco panes y dos pescados. Jesús tomó aquella exigua ofrenda, la bendijo y la multiplicó milagrosamente para alimentar a hombres, mujeres y niños. ¡Después de que todos tuvieron el estómago lleno, los discípulos recolectaron doce cestos de sobras! (Puedes leer esta historia en Mateo 14:13-21).

En ocasiones he sentido que no tenía bastante tiempo, dinero o que no llegaba a todo. Pero esto no es así. Solo necesito un poco de perspectiva para ver la imagen de forma precisa. Y, a veces, creo que ese es el milagro que Dios realiza en mi vida. Él me ayuda a ver las cosas de manera distinta para que pueda procesar la vida con mayor precisión o ser más creativa con lo que tengo.

También hay épocas en las que Jesús me pide mis cinco panes y los dos pescados para que Él pueda hacer su propio milagro. Nuestra familia patrocina a un niño en Honduras a través de Compassion. Aunque para nosotros es un verdadero esfuerzo económico algunos meses, Dios obra el milagro en la vida de ese niño con nuestra escasa ofrenda de 38 dólares al mes. Él logra centenares de dólares de beneficios (comida, cuidados médicos, tutoría y más) con esos 38 dólares de "panes y pescados" cada mes.

La mayoría de nosotras tenemos que trabajar con recursos limitados de tiempo, dinero y energía. Sin embargo, lo que hemos aprendido es que Dios nos dará justo lo que necesitamos en el momento justo en que lo necesitemos. Si Él precisa cambiar nuestra perspectiva para hacer que esto ocurra, también lo hará.

Ora…

Jesús, tú me has dado suficiente tiempo, dinero y energía. En realidad, nunca he entendido con exactitud lo rica que soy. Ayúdame a ser una buena administradora de lo que me has dado. Y ayúdame a caminar por fe, confiando en ti para que proveas exactamente lo que necesito justo cuando lo necesito.

Descubre…

Lee Mateo capítulos 24 y 25.
Dale gracias a Dios por la Biblia y por cómo ella guía nuestra vida.

VERDAD…

Tu palabra es una lámpara a mis pies;
es una luz en mi sendero.

Salmo 119:105 (NVI)

CAPÍTULO 12

DESCUBRE LA VERDAD DE DIOS:

JESÚS CONFIÓ

La verdad sobre la fe

Anne, necesito hablar contigo. Inicié la temida conversación con nuestra hija de casi dieciséis años, un sábado por la mañana. "Sabes que papá y yo hemos estado ahorrando dinero para comprar un tercer auto para la familia, de manera que cuando cumplas los dieciséis tengas un vehículo para usar. Con lo que no contábamos era con que el pozo se secara (¡Ah, los gozos de vivir en el campo!). Cuando hubo que excavar el nuevo pozo, nos vimos obligados a usar el dinero del auto. Ahora no podremos comprarlo".

El rostro de Anne reflejaba su desilusión. Yo también estaba decepcionada. Con cuatro hijos (¡solo Dios sabía entonces que adoptaríamos un quinto justo dos años después!), yo esperaba algún alivio de mis responsabilidades de "taxista". "Estoy triste, mamá, pero lo comprendo. Imagino que solo tengo que orar por un auto".

Confirmé su decisión de orar, pero no tenía ni idea de la seriedad con la que ella hablaba. Varias semanas después de nuestra conversación, Anne entró un momento a la cocina mientras yo preparaba la cena y dijo:

—Mamá, ¿recuerdas que te dije que oraría por un auto? Solo quería que supieras que estoy orando de manera específica, como tú me enseñaste. Estoy pidiendo que el cambio de marchas sea automático, porque no sé cómo utilizar la palanca de cambio. También quiero que tenga cuatro puertas, ya que llevaré a mis hermanos a muchos sitios y es una molestia entrar y salir del asiento trasero de un auto de dos puertas. Y decidí pedirle a Dios si sería posible que fuera azul, porque es mi color favorito.

Me quedé mirándola fijamente, asombrada.

—¡Vaya! Es una gran petición —le respondí—. Creo que si Dios te proporciona un auto, ¡más te vale estar dispuesta a aceptarlo, aunque signifique aprender a manejar la palanca de cambio, saltar desde el asiento trasero o hacer que te guste otro color!

—Ya lo sé, mamá —respondió—, pero Dios nos dice que pidamos de manera específica, y yo lo estoy haciendo. Y creo que Él puede proporcionármelo si está en su voluntad.

Me asombraba la madurez espiritual de mi hija, pero mi corazón se desgarraba en dos direcciones. Me sentía sumamente orgullosa de su fe. Estaba tomando a Dios al pie de la letra, y su fe era firme. Al mismo tiempo, quería protegerla con desesperación de la desilusión. Era una gran petición, y aunque yo creía que Dios *podía* proveer, sencillamente no sabía si lo *haría* en realidad y no quería que saliera herida.

Varios días después de esa conversación, una mañana temprano salí a tropezones de la cama y decidí comprobar el correo electrónico antes de que despertaran todos y empezara el caos matinal. Observé el correo de un hombre de nuestra iglesia que nunca antes nos había escrito. Cuando abrí su mensaje y lo leí, las lágrimas empezaron a rodar por mis mejillas:

> *Hola Mark y Jill:*
>
> Me hallo en el proceso de comprar un nuevo auto, y el antiguo todavía funciona bien, pero no vale gran cosa. He estado orando respecto a qué hacer con él y, hoy, cuando caminaba por el pasillo en el trabajo, Dios los puso a ustedes en mi mente. Creo que tienen una hija que pronto podrá conducir, y me pregunto si les gustaría que tuviera

un auto. Estos son los detalles básicos: es un Honda Accord de 1983, automático, cuatro puertas. No sé si esto importa, pero es azul. Si les interesa, háganmelo saber. Si es así, me gustaría regalárselo a su familia.

Mike

"Sí, Mike —susurré en voz alta—, y sí, sí importa que sea azul. ¡Importa mucho!". No podía creer lo que veía. La fe de mi hija y la milagrosa provisión de Dios me dieron una lección de humildad. La verdad divina acudió a mi mente: "Conforme a vuestra fe os sea hecho" (Mateo 9:29).

Si no crees que Dios puede realizar milagros hoy, piensa de nuevo.

Un asiento de primera fila para observar la obra de Dios

Jesús realizó muchos milagros durante el tiempo que pasó en esta tierra. Tuvo la capacidad de hacerlo, porque era Dios hecho carne. Los libros de la Biblia conocidos como los Evangelios —Mateo, Marcos, Lucas y Juan— recopilan más de cuarenta milagros distintos que Jesús hizo. A veces curó una enfermedad o discapacidad, como sanar a la mujer que había estado sangrando durante doce años (Mateo 9:20-22). Otras veces sus milagros demostraban poder sobre la muerte, como la vez que resucitó a la hija de Jairo (Mateo 9:18-26).

Otros hechos milagrosos tuvieron que ver con cambiar la naturaleza, como cuando anduvo sobre el agua (Juan 6:16-21) o demostró milagrosamente su poder sobre el mundo espiritual al expulsar al demonio del hombre mudo (Mateo 9:32-33).

Por supuesto, vemos el milagro de la vida sobre la muerte en la vida misma de Jesús, cuando resucitó tres días después de haber sido crucificado en la cruz (1 Corintios 15:3-4).

Leer sobre sus milagros profundiza nuestra creencia y aumenta nuestra fe. Cuando Jesús sanó, cambió la naturaleza o resucitó a alguien, las personas pudieron ver obrar a Dios. ¡Hoy, tú y yo también podemos ver trabajar a Dios! Cada vez que tuve que confiar en

Dios, Él nunca me falló. Cuando dejé que se encargara o confié en que proveería, siempre lo hizo. Quizá no de la forma que yo esperaba, pero Él siempre respondió de alguna manera. ¡Me gusta decir que es como tener un asiento en primera fila para ver a Dios trabajar!

Nuestra historia divina de pan y leche

Mark había estado trabajando durante algún tiempo en un ministerio no lucrativo, cuando su jefe vino a él con un dilema. "Mark, hemos perdido la financiación para tu sueldo. Las inversiones del donante han ido mal, y necesitan unos cuantos meses para recuperarse. Creemos que podremos restablecer tu sueldo en tres meses con pago retroactivo, pero hasta entonces no podremos hacerlo. Si necesitas buscar otro trabajo, lo entendemos. Pero si puedes quedarte con nosotros, nos encantaría que lo hicieras".

Es una dura petición para un hombre que tiene una gran familia que alimentar. Mark vino a casa y hablamos sobre la situación. Acordamos orar sobre ello individualmente durante varios días, antes de tomar una decisión. Cuando volvimos a juntarnos varios días después, descubrimos que ambos habíamos estado oyendo cómo Dios decía: *Confía en mí.* Sentimos que no debíamos cambiar nada. Era una idea aterradora, pero ambos teníamos una paz inusual al respecto (¡y no, no teníamos en el banco el dinero equivalente a tres meses de salario, como suelen aconsejar que tengas!).

> Lo único es que no tendremos comida fresca, como el pan y la leche, pero podemos confiar en Dios para ello.

De inmediato me ocupé haciendo lo que pude. Llamé a nuestras empresas de servicios y nuestros acreedores, y tomé las disposiciones posibles para hacer pagos aplazados o más pequeños durante un tiempo limitado. Consideré el poco dinero que teníamos en nuestros ahorros y lo dividí para pagar las facturas que necesitaríamos abonar. A continuación hice un inventario de la comida que teníamos en la despensa y en los dos congeladores, anotando todo lo que había en casa para comer, incluidas dos latas de remolachas ¡que ni siquiera sabía que se hubieran quedado en el fondo de la estantería! Nuestra familia no come remolachas —bueno, no hasta que adoptamos a Kolya, años más tarde, de Rusia (las remolachas son un producto de primera necesidad allí, y a Kolya le encantan. ¡Ahora las compro con regularidad!)—, de modo que no sabía que las tenía. Me senté y establecí un posible plan de comidas para doce semanas. Cuando Mark volvió a casa del trabajo aquella tarde, compartí con él los resultados de mi planificación. "He hecho algunos arreglos para las facturas mensuales y he ideado una forma de comer que no nos obligue a ir al supermercado. Lo único es que no tendremos comida fresca, como el pan y la leche, pero podemos confiar en Dios para ello".

Sinceramente, pensaba que quizás Dios nos enviaría una oportunidad relacionada con la música, dirigida a mí. A veces canto o toco para bodas y me gano unos cincuenta dólares aproximadamente. Aparte de su trabajo, Mark también sabía poner moqueta, y pensé que tal vez Dios le enviaría un pequeño trabajo de ese tipo cada mes, que fuera suficiente para que pudiéramos comprar pan, leche y tal vez fruta y verdura en el supermercado. Pero los caminos de Dios no son los nuestros, y Él tenía otro plan en mente.

Hicimos saber a nuestros hijos que nos encontrábamos en un período de confianza en Dios. Nada de ropa nueva, nada de comida rápida en el cajón de los tentempiés, nada de dinero extra para ir a comprar helados. Los tranquilizamos respecto a que estaríamos bien, pero que todos tendríamos que respetar los sacrificios, darle gracias a Dios por cómo había provisto ya y hacer nuestra simple petición de pan y leche.

Un par de semanas después de empezar nuestro viaje de fe, recibí una llamada de mi vecino Orville. Vivimos en el campo, por lo que no tenemos vecinos "del otro lado de la valla". Más bien viven "calle abajo", y no solemos interactuar unos con otros. Orville cultivaba toda la tierra alrededor de nuestra casa, así que se detenía un momento y charlaba durante la temporada de la siembra, o durante la cosecha, pero al margen de esto, no nos veíamos demasiado.

Cuando levanté el teléfono, Orville dijo:

—Jill, ¿necesitas pan?

Me sorprendió con la guardia baja por la ausencia de esa pequeña conversación que se suele tener al principio de una llamada telefónica, y por la naturaleza de su pregunta.

—Bueno, Orville, la verdad es que sí, necesitamos pan —respondí casi con una pregunta en mi tono de voz.

—Muy bien; estaré ahí en unos minutos —prosiguió—. Te puedo dar algunos.

Colgué el teléfono pensando que había sido la conversación telefónica más rara que había tenido jamás.

Unos minutos después, la camioneta de Orville se detuvo en nuestra entrada. Al salir para recibirlo, observé que en la plataforma de carga había una gran montaña... ¡de pan! Cuando Orville aparcó y salió del vehículo, le pregunté bromeando:

—Orville, ¿qué has hecho? ¿Has asaltado una panadería?

—¡Oh, no! —respondió—, tengo un acuerdo con un par de supermercados para retirar sus productos de panadería caducados. Los saco de su envoltorio y con ello alimento a mis vacas. Sinceramente, siempre hay más de lo que puedo usar, y en realidad se supone que no es para que lo comamos nosotros. Sin embargo, una gran parte está buena todavía, así que Betty y yo solemos sacar alguno antes de que me lo lleve al establo. Hoy, cuando me dirigía a casa en mi camioneta, de repente pensé: *Esos Savage tienen un montón de niños. Tal vez les gustaría un poco de este pan*, así que te llamé.

Me quedé allí, asombrada, con lágrimas en los ojos. Cuando por fin pude recomponerme y pronunciar unas palabras, le dije:

—Orville, ¿sabes lo que está ocurriendo en nuestra familia? —su mirada desconcertada indicaba que no, y me respondió que no sabía de lo que le estaba hablando. Brevemente lo puse al corriente de la situación de Mark, a quien no le estaban pagando en el trabajo, y acabé diciendo—: Así que, cada noche, cuando nos sentamos juntos como familia, le damos gracias a Dios por su provisión y oramos pidiendo pan y leche.

Los ojos de Orville se iluminaron:

—¿Necesitan leche? —preguntó. Antes de que yo pudiera responder, abrió la cabina de su camioneta y me enseñó cuarenta y cinco litros de leche—. Esta caducó ayer, pero si la congelas, estará perfecta —declaró.

Ya no podía asimilar más. Me quedé allí, mirando todo ese pan y la leche que me habían entregado de la forma más inverosímil, y alabé a Dios en mi corazón por su increíble provisión.

Orville se ofreció para llevar la leche hasta mi cocina, mientras yo escarbaba entre la carga de su furgoneta para sacar todo el pan que quería. Cuando empecé a fijarme, me asombré ante semejante selección; había todo tipo de producto de pan disponible: magdalenas inglesas, donuts, panecillos, pan de trigo, pan blanco, pan de pasas y pan arcoíris (¡Ni siquiera sabía que existiera el pan arcoíris!). La mayoría de aquellos productos eran de marca, algo que yo consideraría caro, ¡panes que no habíamos comido nunca antes! Llené varias bolsas de supermercado con el pan que sabía que nuestra familia comería. Orville me ayudó a llevarlo todo al interior de la casa y, a continuación, nos tomamos unos minutos para pasar un poco de leche de cada botella a una jarra para poder congelar las botellas de plástico, ya que la leche se dilataría al congelarse.

Le di un fuerte abrazo a Orville. Le agradecí su regalo y le dije: "Orville, quiero que sepas que hoy Dios te ha hablado. No solo pensaste que la familia Savage podría necesitar este alimento; Dios te instó, y tú escuchaste, y respondiste. Gracias por permitir que Dios te dirigiera y por bendecir a nuestra familia".

Nuestra historia divina de adopción

Hace varios años, después de nuestra experiencia de pan y leche, Dios volvió a permitirnos caminar por fe. A finales de enero del 2003, hablé a un grupo de mamás cerca de mi casa. Además de mi mensaje de apertura, también se ofrecieron cuatro talleres a los que las mamás podían asistir. En un principio, pensé sentarme en el de la adopción, pero después lo reconsideré y decidí que no quería abrir esa puerta. Elegí, en su lugar, asistir al taller de padres de adolescentes. Después de que el grupo se disolvió durante la mañana, empecé a empacar mi material. Cathy, una amiga que había asistido al taller de adopción, vino hacia mí y me dijo:

—Jill, tú conoces muchas personas. ¿Sabes de alguna familia a la que pudiera interesarle adoptar a un niño de ocho años, de Rusia, cuya mejor amiga, una niñita llamada Nadia, ha sido adoptada por una familia de aquí, en Bloomington, hace unos dieciocho meses? —lo dijo todo sumamente rápido y sin respirar.

—No —respondí lentamente—. No conozco a nadie interesado en adoptar a un niño de ocho años.

—Bueno, en caso de que se te ocurra alguien —prosiguió—, aquí tienes su foto y un número de contacto para más información.

Eché un vistazo a la fotografía que me había entregado y retuve mi respiración. Aquel niño pequeño y rubio era exacto a los míos. Era como si perteneciera a *nuestra* familia. Enseguida, Dios susurró con voz suave a mi corazón: *¡Oh Jill, permíteme presentarte a tu nuevo hijo!* Se me hizo un nudo en la garganta y, rápidamente, le pedí a mi amiga que, por favor, guardara la foto. Ella me inquirió sobre mi respuesta emocional y le respondí que no podía explicarlo, pero que no quería hablar más de ello. Me contestó que si me sentía tan conmovida, tal vez debería ponerla en mi Biblia y orar por ello. De broma le dije que creía que debería irse a casa, sin más. Cathy escondió la fotografía entre mi material y allí la encontré después, aquella misma tarde. Cuando Mark llegó a casa inesperadamente temprano, compartí vacilante con él la mayor parte de la experiencia vivida horas antes, aquel día. Y digo "la mayor parte", porque no era capaz de decirle que Dios me había indicado que aquel niñito era nuestro. ¡Seguía sin creer que lo había oído de verdad! Lo que comenté, en su lugar, fue: "La foto de aquel niño pequeño tira de mi corazón. Creo que es necesario que oremos por este niño, porque creo que debo conocer a la familia que supuestamente lo va a adoptar". Bueno, no era toda la verdad... ¡pero es que toda la verdad era una absoluta locura!

Mark pidió ver la foto. Se la mostré y se quedó muy callado.

—Jill —susurró—, este pequeño parece pertenecer a *nuestra* familia.

—¡No digas eso! —grité con demasiada fuerza. Ahora me veía obligada a contarle el resto de la historia, cómo me había parecido que Dios me había tocado el hombro y me había presentado a nuestro nuevo hijo. Ambos nos quedamos de pie en el comedor, sin saber exactamente qué decir o hacer. Aquella idea era descabellada. Jamás habíamos hablado de adoptar. Ni siquiera hemos *pensado* nunca en la adopción. Decidimos que lo único que podíamos hacer en aquellos momentos era orar. Y así lo hicimos.

Tras un breve período de tiempo, los dos seguimos sintiendo que Dios nos llamaba a hacer que Kolya fuera parte de nuestra familia. Decidimos debatir la posibilidad con nuestros hijos. Insegura de la respuesta que obtendríamos, nos sentimos entusiasmados cuando los cuatro respondieron de un modo muy positivo. Debo decir que, hasta ese punto, Dios había estado incluso preparando sus corazones, pero nosotros sencillamente no lo habíamos visto. La mayor, Anne, había estado comunicándonos de manera sistemática que tenía la sensación de que nuestra familia no estaba completa. Llevaba varios años mencionándolo una o dos veces, pero nosotros descartábamos sus comentarios con la seguridad de que ya no tendríamos más hijos. El más pequeño, Austin, había heredado una litera de dos camas dos meses antes de que pusieran esa fotografía en mis manos. Cada noche, cuando lo metía en su nueva cama, me preguntaba: "¿Quién va a dormir en esa cama?". Nosotros le respondíamos que nadie la usaría con regularidad; se usaría cuando sus primos pasaran la noche en casa o cuando tuviéramos algún amigo que pernoctara. Él respondía: "¡No, alguien tiene que dormir en esa cama!". Pasábamos por esta rutina cada noche y, sinceramente, me estaba hartando un poco. Cuando compartimos con los niños la posibilidad de tener un hermano nuevo, la respuesta de Anne fue: "¡Ya te dije que la familia no estaba completa!". Y Austin añadió: "¡Es él quien se supone que dormirá en mi litera!". Después de esto supimos, sin lugar a dudas, que Kolya debía formar parte de nuestra familia. Oramos juntos sobre esta oportunidad y seguimos haciéndolo a lo largo de la semana siguiente. La armonía y el entusiasmo siguieron creciendo.

Debo decir que, hasta ese punto, Dios había estado incluso preparando sus corazones, pero nosotros sencillamente no lo habíamos visto.

Iniciamos oficialmente el proceso de adopción en febrero. En abril, el estudio de nuestro hogar estaba completo, y Mark y yo hicimos el primero de nuestros dos viajes a Rusia. La familia de Nadia estaba emocionada, ya que su sueño de encontrar un hogar para Kolya se estaba haciendo realidad. Más tarde descubrimos que la familia Cavanagh había adoptado a Nadia cuando tenía seis años. Ella y Kolya habían estado juntos en el orfelinato durante toda su vida. Desde el tiempo en que Nadia empezó a hablar inglés, le decía a su mamá y su papa: "Tenemos que encontrar una mamá y un papá para mi amigo Kolya".

Nuestro primer viaje fue una lección de cultura para Mark y para mí. Kolya no estaba muy seguro de aquel tema de una mamá y un papá, pero se animó con nosotros poco a poco. No hablaba ni una palabra de inglés, y nosotros apenas sabíamos diez palabras en ruso. Pero descubrimos que las payasadas funcionan bien para comunicarse sobre casi todo, y estábamos en camino a conectarnos con él.

Luché como una madre en ese primer viaje. No sentí un amor instantáneo por aquel niño. Sabía que debía formar parte de nuestra familia y que el amor llegaría, pero quería desesperadamente crear vínculo con él. Cuando hicimos una llamada a nuestros hijos en Estados Unidos y Austin me pidió llorando que volviera a casa, me sentí perdida. Derramé mi corazón delante de Dios y le pedí que me ayudara a conectarme con él. Sucedió el último día que pasamos juntos. Cuando Kolya empezó a comprender que tendríamos que irnos y volver después a buscarlo, lloró, lloró y lloró. Eran las primeras lágrimas que le veíamos derramar. Y Dios empezó a permitir que el vínculo se produjera mientras yo lo consolaba, secaba sus lágrimas, susurrándole "loo blu", que es "Te quiero" en ruso. Aquel era realmente mi hijo y me necesitaba tanto como los cuatro que tenía en casa.

Acabamos la adopción con un segundo viaje a finales de agosto, y nos llevamos a Kolya a casa el 3 de septiembre. Él y su mejor amiga, Nadia, se reunieron el 5 de septiembre del 2003.

Nuestro mayor reto en ese viaje de fe fue la pieza económica de la fotografía. Dijimos que sí antes de comprender que adoptar de Rusia es una de las experiencias de adopción internacional más cara. En febrero comí con una amiga y compartí con ella el entusiasmo y los temores que estaba experimentando. En el ámbito económico, aquello sencillamente no tenía sentido para nuestra familia. Nuestra hija mayor empezaba la universidad en otoño y teníamos menos de 500 dólares en nuestra cuenta de ahorros, desde luego no era exactamente un adelanto a cuenta de la que sería una adopción por valor de 34.000 dólares. Mi amiga Julia escuchó mi preocupación y después dijo: "Jill, nuestro Dios es dueño del ganado de mil colinas. Solo necesita vender unas cuantas vacas para hacer que esto suceda". ¡Vaya! ¡Qué perspectiva! De hecho, a lo largo de los siguientes nueve meses, fuimos testigos de la venta de aquellas vacas, ¡un regalo tras otro! Esto es lo que Dios hizo:

- Nuestra familia se reunió y creó un proyecto de recaudación de fondos que aportó más de 2.000 dólares.
- Nuestra hija mayor, Anne, creó su propia colecta de fondos a la que llamó "Cocinando para Kolya", donde hizo un formulario de pedido de comida congelada que les vendía a sus profesores del colegio. En muy poco tiempo, se corrió la voz sobre su pequeño negocio. Pronto había conseguido más de 1.000 dólares.
- Recibimos 5.000 dólares en donativos de amigos y familiares.
- Recibimos una subvención compartida de 5.000 dólares de Life International (ahora conocida como Lifesong). Dios seguía vendiendo vacas.
- Shaohanna's Hope nos concedió una subvención de 2.000 dólares. ¡Grácias, Dios!
- Recibimos otros 2.000 dólares de unos amigos de la familia.
- Recibí un cheque inesperado de la venta de libros por valor de 2.000 dólares. ¡Vamos, Dios!

Cada vez que Dios vendía vacas, le dábamos las gracias por su fidelidad. Sin embargo, fue su provisión final la que nos asombró por completo. Yo había escrito un artículo sobre las formas creativas de financiar la adopción, que se imprimió en el número de otoño del 2003 de la revista *Money Matters* [Asuntos de dinero]. A los pocos días, recibí un correo electrónico de un hombre de Alabama. Él y su esposa habían leído el artículo y les había parecido alentador. Ellos también habían adoptado hacía dos años. Él compartía su caso y después preguntaba: "¿Han pagado usted y su esposo todos los gastos de la adopción?".

Fue un poco incómodo contestar a su correo diciéndole que, aunque Dios había provisto de tantas formas, todavía nos faltaban quince mil dólares de gastos por abonar. Me pidió que habláramos por teléfono y mantuvimos una agradable conversación. Entonces me indicó que él y su esposa se sentían guiados a ayudarnos de alguna manera. Oraría durante el fin de semana y nos informaría. Transcurrieron varias semanas sin que supiéramos de él, pero entonces llegó un sobre por correo. Era un cheque por quince mil dólares y una nota que decía: "Le ruego que le diga a su familia que un puñado de viejos pueblerinos de Alabama envían amor en Cristo". ¡Vaya! *¡Dios vendió toda una manada de vacas aquel día!*

En realidad, aquel fue un viaje de fe para nuestra familia. No tenía sentido, pero los caminos de Dios no son los nuestros. Él es nuestro gran Proveedor. Lo vimos trabajar en formas que nunca podríamos haber imaginado, y nuestra fe, así como la de otros que fueron testigos de los milagros, creció exponencialmente.

Lo vimos trabajar en formas que nunca podríamos haber imaginado, y nuestra fe, así como la de otros que fueron testigos de los milagros, creció exponencialmente.

Convierte el temor en fe

Oír historias de la competencia de Dios en medio de nuestra incompetencia es para nosotros lo mismo que fue para los discípulos que vivían con Jesús ver obrar a Dios de primera mano. ¿Puedes imaginar sus conversaciones cuando veían volver a la vida a alguien que había estado muerto? ¿Y cuando fueron testigos de cómo alimentó Jesús a cinco mil personas con solo un poco de pan y pescado? Y, además, aquella vez que Jesús caminó sobre las aguas. Echemos un vistazo a esa situación específica para que podamos aprender sobre andar por fe.

> Inmediatamente después, Jesús insistió en que los discípulos regresaran a la barca y cruzaran al otro lado del lago mientras él enviaba a la gente a casa. Después de despedir a la gente, subió a las colinas para orar a solas. Mientras estaba allí solo, cayó la noche.
>
> Mientras tanto, los discípulos se encontraban en problemas lejos de tierra firme, ya que se había levantado un fuerte viento y luchaban contra grandes olas. A eso de las tres de la madrugada, Jesús se acercó a ellos caminando sobre el agua. Cuando los discípulos lo vieron caminar sobre el agua, quedaron aterrados. Llenos de miedo, clamaron: «¡Es un fantasma!».
>
> Pero Jesús les habló de inmediato:
>
> —No tengan miedo —dijo—. ¡Tengan ánimo! ¡Yo estoy aquí!
>
> Entonces Pedro lo llamó:
>
> —Señor, si realmente eres tú, ordéname que vaya hacia ti caminando sobre el agua.
>
> —Sí, ven —dijo Jesús.
>
> Entonces Pedro se bajó por el costado de la barca y caminó sobre el agua hacia Jesús, pero cuando vio el fuerte viento y las olas, se aterrorizó y comenzó a hundirse.
>
> —¡Sálvame, Señor! —gritó.

De inmediato, Jesús extendió la mano y lo agarró.

—Tienes tan poca fe —le dijo Jesús—. ¿Por qué dudaste de mí?

Cuando subieron de nuevo a la barca, el viento se detuvo (Mateo 14:22-32, NTV).

Me encanta esta historia, porque creo que nos proporciona importantes pasos que tomar para convertir el temor en fe. Miremos las lecciones que podemos sacar de ella.

1. Obedece plenamente. Jesús insistió en que los discípulos entraran en el barco y se fueran sin Él. Ellos no entendieron necesariamente por qué, pero hicieron lo que Él decía. Cuando Dios nos pide que andemos por fe, no siempre entendemos el plan, pero podemos aprender a confiar en que Él tiene un plan.
2. Acepta el consuelo de Dios. Jesús consoló a los discípulos cuando se asustaron de lo desconocido. Caminar por fe requiere, a veces, que hagamos algo que no hemos hecho nunca antes. En ocasiones, la luz solo brilla en el siguiente paso, y no podemos ver la imagen panorámica. La Palabra de Dios y su paz proporcionan consuelo en medio de la obediencia.
3. Que tu fe sea como la de un niño. Me encanta la fe infantil de Pedro. A menudo, habla sin pensar sobre lo que está haciendo. Muchas veces nos racionalizamos por obediencia, porque pensamos demasiado en la lógica de lo que Dios está pidiendo. Los niños son rara vez lógicos en su forma de pensar. Y Dios casi nunca es lógico: ¡Sus caminos no son los nuestros!
4. Escucha la invitación de Dios. Pedro no salta del barco; tuvo una conversación con el Señor que provocó la invitación a ir hacia Él. Dar un paso en fe fuera de la voluntad de Dios es necedad. Cuando oímos su dirección y es congruente con su verdad, y la confirman los creyentes que nos rodean, entonces es necesario que salgamos del barco.

5. Sal del barco. Pedro salió del barco, pero los otros once permanecieron a salvo en la embarcación. Ni siquiera le preguntaron a Jesús si podían caminar hacia Él sobre el agua. Cuando nos quedamos en el barco, nos perdemos la bendición de experimentar de primera mano cómo obra Dios. Cuando salimos del barco de nuestra zona de comodidad y entramos en el agua de la fe, experimentamos bendiciones que solo llegan cuando damos pasos de fe.

6. Mantente enfocada en Jesús. Pedro saltó del barco y empezó a caminar hacia Jesús, pero en el minuto en que retiró sus ojos de Él y empezó a fijarse en las olas que lo rodeaban, comenzó a hundirse. Con demasiada frecuencia consideramos las montañas en lugar de mirar a Aquel que mueve los montes, y empezamos a dudar. Tenemos que mantener los ojos en Dios, confiando en sus caminos. Proverbios 3:5 nos dice: "Confía en el Señor con todo tu corazón; no dependas de tu propio entendimiento" (NTV). Cuando Pedro miró hacia abajo, a las olas, no pudo entender cómo estaba andando sobre el agua. Intentar comprenderlo desde la perspectiva humana le hizo perder la fe.

7. Toma la mano de Dios. Aunque Dios pueda no extender su mano físicamente hacia nosotros, como Jesús pudo hacerlo por Pedro, Él sigue enviando ayuda en nuestra incredulidad. A veces esa mano es un recordatorio de la verdad de Dios (en la Biblia), y en ocasiones es la ayuda o el aliento de un amigo. Cuando mi amiga Julie compartió conmigo sobre el ganado de Dios sobre mil montes (de Salmos 50:10), durante nuestro proceso de adopción, Dios la usó para extenderme su mano. Yo empezaba a flaquear, a mirar a las olas en lugar de a Jesús. El estímulo de Julie me permitió tomar la mano de Dios y enfocarme de nuevo en Él.

8. Reconoce el valor de las tormentas en nuestra vida. Así como nuestros músculos solo se fortalecen cuando encuentran resistencia, nuestra fe solo crece cuando lucha en una tempestad.

No huyas de las tormentas. En vez de ello, corre hacia Dios. Las tormentas de nuestra vida son las que nos llevan a la intimidad más profunda con Dios.

9. Responde con adoración. Cuando Dios obra en nuestra vida, es necesario que respondamos dándole a Él el crédito. Darle gracias, alabarlo por ser fiel y contar de sus obras en nuestra vida son formas en que le damos a Dios la gloria que merece.

Yo no puedo, pero Dios sí

"Es, pues, la fe la certeza de lo que se espera, la convicción de lo que no se ve". Estas palabras de Hebreos 11:1 son una descripción precisa de lo que es la fe. Dios quiere que aprendamos a confiar en Él cada día más, y confiar en alguien que no podemos ver es un esfuerzo para la mayoría de nosotras. Sin embargo, cuanta más intimidad tengamos con Dios, mejor podremos aprender a discernir su voz y más podremos confiar en Él.

> Es, pues, la fe la certeza de lo que se espera, la convicción de lo que no se ve.

La Biblia está llena de historias de "Yo no puedo, pero Dios sí". Hebreos 11 es uno de mis capítulos favoritos de las Escrituras, porque resume muchas de las historias de personas corrientes que dejaron a Dios hacer cosas extraordinarias en su vida. Aquí tienes una breve visión general de algunas de las historias de fe mencionadas en el capítulo (versión NVI):

> Por la fe entendemos que el universo fue formado por la palabra de Dios, de modo que lo visible no provino de lo que se ve (versículo 3).
>
> Por la fe Enoc fue sacado de este mundo sin experimentar la muerte; no fue hallado porque Dios se lo llevó (versículo 5).
>
> Por la fe Noé, advertido sobre cosas que aún no se veían, con temor reverente construyó un arca para salvar a su familia (versículo 7).

Por la fe Abraham, cuando fue llamado para ir a un lugar que más tarde recibiría como herencia, obedeció y salió sin saber a dónde iba (versículo 8).

Por la fe Abraham, a pesar de su avanzada edad y de que Sara misma era estéril, recibió fuerza para tener hijos, porque consideró fiel al que le había hecho la promesa (versículo 11).

Por la fe Abraham, que había recibido las promesas, fue puesto a prueba y ofreció a Isaac, su hijo único, a pesar de que Dios le había dicho: «Tu descendencia se establecerá por medio de Isaac». Consideraba Abraham que Dios tiene poder hasta para resucitar a los muertos, y así, en sentido figurado, recobró a Isaac de entre los muertos (versículos 17-19).

Por la fe Moisés, recién nacido, fue escondido por sus padres durante tres meses, porque vieron que era un niño precioso, y no tuvieron miedo del edicto del rey (versículos 23).

Por la fe Moisés, ya adulto, renunció a ser llamado hijo de la hija del faraón. Prefirió ser maltratado con el pueblo de Dios a disfrutar de los efímeros placeres del pecado. Consideró que el oprobio por causa del Mesías era una mayor riqueza que los tesoros de Egipto, porque tenía la mirada puesta en la recompensa (versículos 24-26).

Por la fe el pueblo cruzó el Mar Rojo como por tierra seca; pero, cuando los egipcios intentaron cruzarlo, se ahogaron (versículo 29).

Por la fe cayeron las murallas de Jericó, después de haber marchado el pueblo siete días a su alrededor (versículo 30).

Por la fe la prostituta Rajab no murió junto con los desobedientes (versículo 31).

> ¿Qué más voy a decir? Me faltaría tiempo para hablar de Gedeón, Barac, Sansón, Jefté, David, Samuel y los profetas, los cuales por la fe conquistaron reinos, hicieron justicia y alcanzaron lo prometido; cerraron bocas de leones, apagaron la furia de las llamas y escaparon del filo de la espada; sacaron fuerzas de flaqueza; se mostraron valientes en la guerra y pusieron en fuga a ejércitos extranjeros (versículos 32-34).

Cada una de estas historias habla del poder de Dios y lo que sucede cuando alguien como tú o yo elegimos mirar sus capacidades en lugar de nuestras incapacidades. Y esta es la esencia de la fe.

Es importante entender también que, aunque Dios siempre cuida de nosotras, no siempre elige hacerlo en formas milagrosas. A veces, sus caminos son más lógicos y prácticos. Hace varios años, nuestra familia pasó por un difícil período económico. Con las facturas médicas inesperadas y la subida de los precios del combustible, nuestros gastos superaban los ingresos. Mis oraciones parecían no recibir contestación, mientras intentaba mover el dinero de un mes a otro para llegar al final de cada uno de ellos. Tenía fe en que Dios proveería, pero parecía que se estaba tomando mucho tiempo. Un domingo, nuestra iglesia anunció que iban a impartir una clase de administración financiera cristiana llamada *Financial Peace* [Paz económica].[19] Sabía que era la respuesta de Dios a mi oración. Mark y yo asistimos a la clase, cambiamos nuestra forma de administrar nuestro dinero y, poco a poco, nos abrimos camino en nuestra crisis. No hubo dinero caído del cielo ni cheques inesperados, pero aun así Dios proveyó: esta vez fue con una oportunidad educativa que nos proporcionó la sabiduría y la orientación que necesitábamos.

Jesús tenía fe en su Padre; realizó milagros por fe y enseñó sobre la fe. Conforme lo vamos conociendo de una forma más íntima, caminamos por fe, confiando en los caminos de Dios y no en los

19. En línea, www.daveramsey.com. Recurso en inglés.

nuestros. Vivamos nuestra vida con esta actitud: "¡Yo no puedo, pero Dios sí!".

Gracias, Jesús, por vivir una vida que mostraba tu poder sobrenatural. Con demasiada frecuencia, bajo la vista a las olas en lugar de alzarla a ti. Ayúdame a mantener mis ojos fijos en ti y solo en ti. Quiero creer de un modo más pleno y caminar por fe. Gracias por ser digno de confianza y fiel. Muéstrame cómo convertir mis temores en fe, amándote de una manera más profunda a lo largo del camino.

Perspectiva

¡Necesito un respiro!

"¡Soy una madre terrible!", sonó la voz, entre llantos, tan pronto como levanté el teléfono y dije: "Hola". No tenía ni idea de quién era aquella desesperada mujer que me llamaba. Antes de poder responder, ella siguió llorando y hablando. Yo solo podía entender cada tercera o cuarta palabra, pero por fin capté los nombres de "Caleb" y "Conner" ¡y me di cuenta de que se trataba de mi hermana!

—Juli —le dije intentando calmarla—, no eres una madre terrible. Necesitas un respiro. Ahora es cuando tienes que darte un tiempo muerto para poder recomponerte.

—Ya lo sé —sollozó—. ¡Estoy sentada fuera, en el garaje, hablando contigo!

Toda mamá ha tenido un momento como este. O perdemos los papeles llorando o enojadas. Pero es una reacción a la vida, y lo que tú y yo tenemos que aprender es a ser proactivas en cuidar de nosotras mismas y estar, así, mejor preparadas para ocuparnos de nuestra familia.

Jesús era un maestro en esto. Cargaba con el peso del mundo sobre sus hombros. Estaba muy solicitado. Lo seguían, lo tocaban, le suplicaban, lo invitaban, lo cuestionaban y criticaban, todos y cada uno de los días. Pero Jesús sabía que, para estar al alcance del mundo, tenía que pasar tiempo con el Padre. Recuerda lo que leímos en Marcos 1:35: "Muy de madrugada, cuando todavía estaba oscuro, Jesús se levantó, salió de la casa y se fue a un lugar solitario, donde se puso a orar" (NVI). Jesús consideró lo que tenía por delante y se preparó para ello. Tú y yo necesitamos hacer lo mismo.

Me encanta este versículo de Lucas: "Cuando amaneció, Jesús salió y se fue a un lugar solitario. La gente andaba buscándolo y, cuando llegaron a donde él estaba, procuraban detenerlo para que no se fuera" (4:42, NVI).

Conforme seguimos leyendo, el pasaje explica que Jesús debía irse para predicar a personas de otros lugares. No obstante, ¿la primera parte no parece estar hablando de la vida de una mamá? La madre se había ido para estar sola durante un rato; los niños la buscaron y, cuando la encontraron, intentaron retenerla ¡para que no se fuera sola, otra vez!

Cuando Austin era pequeño, sus "eles" sonaban como "ues". También era muy pegajoso, así que, si me iba a algún sitio, él gimoteaba y lloraba: "Maaaaaaaamiiii… *no me dejes souo*". Lo que él no entendía, sin embargo, es que yo era mejor madre si me iba de vez en cuando. Cuidar de mí misma no es un acto egoísta. De hecho, actuar así me permite expandir mi capacidad de servir.

El primer paso para cuidar de nosotras es pasar tiempo con Dios. Practicar la presencia de Dios y hablar con Él a lo largo del día es una forma de hacerlo. Seguir el ejemplo de Jesús y levantarnos un poco más temprano o pasar algún tiempo por la noche, acudiendo a una cita con Dios es también valioso. Cuando tú y yo actuamos así, esto llena nuestro tanque de combustible espiritual, y esto nos mantiene en pleno funcionamiento en lugar de petardear con el depósito vacío.

El cuidado de una misma también se produce cuando hay equilibrio en nuestra vida. Jesús se tomó tiempo para visitar a amigos, asistir a bodas y compartir comidas con las personas. Tú y yo tenemos que equilibrar nuestra vida. Si estamos todo el día en casa con niños pequeños, precisamos algún tiempo con adultos. Si tenemos demasiadas cosas programadas, también necesitamos tiempo para descansar y relajarnos. Es preciso tener un equilibrio entre cuidar de nuestros hijos y ocuparnos de nuestro matrimonio.

Y, finalmente, el cuidado de una misma ocurre cuando estamos en sintonía con nosotras mismas. Eres única. ¿Qué necesitas de manera específica? ¿Qué te estimula emocionalmente? ¿Leer un libro? ¿Hacer ejercicio? ¿Conversar con una amiga? Una vez puedas identificar el tipo de estímulo que necesitas, programa esas actividades en el calendario. No es egoísta en absoluto..., sino sabio.

Jesús fue intencional respecto a hallar tiempo para renovarse. Sabía que existían muchas exigencias sobre su tiempo y su energía, y que tenía que ser un buen administrador de su cuerpo, su alma y su mente. Nadie tenía que decirle: "Jesús, ve a descansar". En su lugar, Él reconocía su necesidad de apartarse de las multitudes y encontrar el refresco que necesitaba.

Como mamás, necesitamos hacer lo mismo. Las personas y las responsabilidades exigen mucho de nosotras, y tenemos que ser buenas administradoras de nuestro cuerpo, alma y mente. No podemos esperar hasta quedar agotadas o hasta que alguien aparezca y nos ofrezca cuidar de nuestros hijos (¡como si eso ocurriera muy a menudo!). En vez de esto, debemos aprender a ser proactivas respecto al cuidado de nosotras mismas y estar preparadas para suplir las necesidades de nuestra familia.

Ora...

Jesús, gracias por mostrarme la importancia de retirarme de las multitudes y encontrar tiempo para renovarme. Ayúdame a volver a ponerme al día conmigo misma, para saber qué es lo que necesito. Y, después, dame el valor de hacer que ocurra. Nadie te dio a ti un receso... Tú reconocías la necesidad y tomabas un descanso cada día para estar con Dios. Ayúdame a hacer lo mismo.

Descubre…

Lee Mateo capítulos 26, 27 y 28.
Pídele a Dios que te dé un nuevo entendimiento de la muerte de Jesús en la cruz y de lo que significa para ti, de forma personal.

VERDAD…

Ustedes son mis amigos si hacen lo que yo les mando. Ya no los llamo esclavos, porque el amo no confía sus asuntos a los esclavos. Ustedes ahora son mis amigos, porque les he contado todo lo que el Padre me dijo.

JUAN 15:14-15 (NTV)

CAPÍTULO 13

DESCUBRE LA VERDAD DE DIOS:
JESÚS DEJÓ IR COSAS

La verdad respecto a rendirse

El joven sentado frente a Mark y yo, en el restaurante, sudaba profusamente a pesar de la fría temperatura del local. Era evidente que estaba nervioso y parecía hablar dando rodeos sobre su relación con nuestra hija Anne, pero no era del todo capaz de formular la pregunta que quería hacer. Por fin, Mark se compadeció de aquella pobre alma y preguntó:

—Matt, ¿estás intentando preguntarnos si puedes casarte con Anne?

—Sí, señor, así es —respondió con rapidez.

Sentí como si tiraran de mi corazón en un millón de direcciones distintas, y mi mente saltó de un pensamiento a otro. *Todavía no estoy preparada para dejarla ir. No sé si puedo hacer esto. ¿Es este el joven por el que llevo orando los últimos veinte años? Ella ha salido con él con integridad... estoy muy orgullosa de ella. ¿Cuánto tiempo nos quedará antes de que tenga que dejarla ir? En realidad he estado dejando ir cosas desde el primer día, ¿no es así, Dios? Nunca nos hemos visto en algo así, Señor, ¿qué tenemos que decir?*

Tras una breve conversación, les dimos a Matt y a Anne nuestra bendición. Los planes de boda no tardaron en llegar, e inicié el último paso como madre: dejarla ir.

El arte de dejar ir

La maternidad podría asemejarse a pintar un cuadro. Desde el momento en que nace tu hijo, estás colaborando con Dios en la elaboración de esa pintura de su vida. Una pincelada de aliento añadido, una sombra de talento desarrollado, una línea de disciplina dibujada… todos y cada uno de los días añadimos al cuadro de su identidad. Sin embargo, llega un momento en que el pincel que está pintando en la tela de su vida debe pasar de tu mano a la de tu hijo. En ese entonces, tenemos que dejar ir y dar paso a Dios. Pero ni siquiera esta experiencia le resulta poco familiar al Señor.

Para poder comprender esto del todo, necesitamos entender que hay un Dios, pero que consiste en tres personas distintas: Padre, Hijo y Espíritu Santo. A esto se lo conoce como la Trinidad; cada persona de ella es Dios. Dios Padre se envió a sí mismo en la forma de su Hijo, Jesucristo, a la tierra, dándole a Dios en última instancia la experiencia humana sobre la que hemos estado basándonos en este libro. Por esta razón, tenemos un Dios que entiende nuestras experiencias humanas, porque también fueron las suyas. El Espíritu Santo vive dentro de cada cristiano, guiándolo para que viva según los caminos de Dios.

Una vez entendido esto, volvamos a la experiencia de Dios de dejar ir cosas. Él envió a su Hijo, Jesús, a vivir en esta tierra. Permitió que dejara el cielo, lo observó experimentar los retos de la vida humana y lo vio sufrir a manos de las mismas personas que creó.

Lo que más me maravilla de Dios es que no nos pide que hagamos nada que Él mismo no estuviera dispuesto a hacer. Él nos dejó el ejemplo en cada paso de su viaje de vida. Pintó el cuadro de dejar ir aquello a lo que podemos referirnos como crear nuestras propias pinturas a lo largo de la vida. Sin embargo, la verdad es que seremos capaces de dejar ir como padres con mayor facilidad si hemos aprendido a “dejar ir y dejar a Dios” en nuestra propia vida personal.

¿Quién ocupa el asiento del conductor?

Sentada en el asiento del copiloto de nuestra minivan, mi pie derecho buscaba un pedal de freno inexistente. Mi hija, que pronto cumpliría los dieciséis años, hacía todo lo que podía, pero la inexperiencia era evidente. ¡Era como el último acto de soltar algo y poner mi vida en las manos de Dios!

Hasta ahora les hemos enseñado a conducir a tres adolescentes, y cada vez recuerdo cómo esa experiencia es una analogía de nuestra vida con Dios. Él quiere conducir, pero tenemos que estar dispuestas a ocupar el asiento del pasajero. Esto es difícil para quien tiene la manía de controlarlo todo (¡como muchas madres!). Esta analogía suscita una pregunta que exige una respuesta: ¿Quién ocupa el asiento del conductor de mi vida?

Cuando yo tenía diecinueve años, acepté a Jesucristo como mi Salvador. Sin embargo, varios años después, entendí lo que significaba que Él fuera el Señor de mi vida. En otras palabras, cuando le dije que sí a Dios, experimenté perdón y gracia, pero no comprendí que Él tenía una vida abundante para mí si yo quería aprender a dejar que me guiara. Cuando por fin me quité del asiento del conductor y pasé al del pasajero, dejándolo ocupar su lugar detrás del volante de mi vida, empecé a experimentar una nueva intimidad con Cristo y una fe más profunda de la que podría haber imaginado jamás. A esta experiencia de dejar a Dios ser Señor se la llama "sumisión".

"Someterse" es rendirse al liderazgo o autoridad de otro. La sumisión reconoce que la vida no solo trata de uno mismo y que Dios puede ver la imagen panorámica de nuestra vida. Podemos confiar en su dirección, por su capacidad de ver dicha imagen completa.

Piensa en esto desde la perspectiva de madre. ¿Llevaríamos tú o yo a nuestro hijo por el camino incorrecto de manera deliberada? ¿Le diríamos a nuestro hijo que no podemos hacer algo sin proporcionarle una buena razón? ¿Le diríamos que sí, a sabiendas, a algo que les causara daño? Tú y yo dirigimos y guiamos a nuestros hijos por la imagen panorámica que vemos para su vida. Tenemos experiencia y una perspectiva que nos proporciona sabiduría para ayudar a conducir su vida en la dirección correcta. No lo haremos a la perfección, pero nuestros hijos estarán mejor con nuestro consejo, que dejados a sus propias decisiones inmaduras y sin orientación alguna.

> Dios puede ver la imagen panorámica de nuestra vida. Podemos confiar en su dirección, por su capacidad de ver dicha imagen completa.

Cuando pienso en esto para mi propia vida, a veces recreo un desfile en mi mente. Lo contemplo desde dos perspectivas distintas. La primera es como participante. Cuatro años en una banda de música han pulido esta imagen en mi mente. Como participante de un desfile, solo puedes ver lo que ocurre justo delante de ti. Tu visión es extremadamente limitada. La segunda perspectiva es como espectadora desde un edificio alto. He tenido varias experiencias observando un desfile desde un edificio de muchas plantas, y es asombroso cómo no solo ves lo que está justo debajo de ti, sino también el principio y el final de la comitiva. Tu visión se expande enormemente, permitiéndote ver cosas que los participantes del desfile nunca podrán contemplar.

Tú y yo tenemos una perspectiva terrenal. Somos participantes del desfile de la vida. Dios tiene una perspectiva celestial. Puede ver la imagen panorámica desde el principio hasta el final de los tiempos. A causa de esto, podemos confiar en Él para dirigirnos y guiarnos, entendiendo que puede ver cosas que nosotras somos incapaces de ver.

El núcleo central de la sumisión consiste en reconocer que alguien tiene una mejor perspectiva que nosotras y confiar en que esto lo hace estar mejor preparado para tomar decisiones. ¿Crees esto para tu vida? ¿Crees que Dios puede ver la imagen panorámica y que esto lo hace estar mejor preparado que tú para ocupar el asiento del conductor? Espero que después de llegar a conocer mejor a Jesús, estés más cerca de poder hacerte a un lado y dejar dirigir a Dios. Es la batalla más dura de la "carne" frente al "espíritu" a la que nos enfrentaremos jamás. Nuestra carne quiere mantener el control cuando el Espíritu dice: "Suéltalo".

Es tu actuación, Dios

Vemos el acto supremo de sumisión en la vida de Jesús en su viaje a la cruz. Sabiendo a lo que se enfrentaba, luchó con la tarea que tenía por delante. La primera vez que vemos esto es en el huerto de Getsemaní, tan solo días antes de la crucifixión.

> Entonces Jesús fue con ellos al huerto de olivos llamado Getsemaní y dijo: «Siéntense aquí mientras voy allí para orar». Se llevó a Pedro y a los hijos de Zebedeo, Santiago y Juan, y comenzó a afligirse y angustiarse. Les dijo: «Mi alma está destrozada de tanta tristeza, hasta el punto de la muerte. Quédense aquí y velen conmigo».
>
> Él se adelantó un poco más y se inclinó rostro en tierra mientras oraba: «¡Padre mío! Si es posible, que pase de mí esta copa de sufrimiento. Sin embargo, quiero que se haga tu voluntad, no la mía».
>
> Luego volvió a los discípulos y los encontró dormidos. Le dijo a Pedro: «¿No pudieron velar conmigo ni siquiera una hora? Velen y oren para que no cedan ante la tentación, porque el espíritu está dispuesto, pero el cuerpo es débil».
>
> Entonces Jesús los dejó por segunda vez y oró: «¡Padre mío! Si no es posible que pase esta copa a menos que yo la beba, entonces hágase tu voluntad» (Mateo 26:36-42, NTV).

¿Puedes percibir su angustia? ¿Puedes sentir la lucha? Jesús luchaba con las dos perspectivas y, por su naturaleza dual, podía verlas ambas por igual. El Jesús completamente humano, que era un participante del desfile de la vida, podía ver la muerte dolorosa que era inminente. El Jesús plenamente Dios podía ver la imagen panorámica del sacrificio que estaba a punto de hacer, que cambiaría la relación de Dios con su pueblo durante el resto de la eternidad.

¿Ves cómo tenemos un Dios que entiende nuestra lucha por someternos? Predicó con el ejemplo, y no nos pide que hagamos nada que Él mismo no estuviera dispuesto a hacer.

Cuando consideramos con mayor cuidado el tiempo que Jesús pasó en el huerto de Getsemaní, creo que podemos encontrar la sabiduría para nuestro caminar hacia la sumisión.

1. No obres por tu cuenta. Una vez que llegaron al huerto, Jesús les pidió a los discípulos que permanecieran en las inmediaciones. Luego les dijo a Pedro, Santiago y Juan que lo acompañaran, que iba a buscar un lugar para orar. Les contó lo que estaba sintiendo y les pidió que se identificaran con su angustia.
2. Sé sincera con Dios. Dios sabía lo que Jesús estaba sintiendo y también lo que nosotras estamos sintiendo. Ser sincera con Dios expresa nuestras emociones y reconoce nuestros temores. Hasta que podamos ser sinceras y estar en sintonía con nuestra carne no seremos capaces de comprometer activamente el espíritu.
3. Busca la voluntad de Dios. Recurre a la Palabra de Dios y escucha al Espíritu Santo para discernir su voluntad. Esto inicia el proceso de soltar nuestro programa y dejar que Dios dirija.
4. Pídeles a otros que oren. Jesús podría haber hecho todo aquello solo, pero no fue así. Eligió invitar a los imperfectos discípulos a su círculo íntimo. No estamos diseñados para hacer vida a solas. Necesitamos a otros que oren con nosotros, cuando atravesamos un tiempo difícil. Aunque puedan no hacerlo a la perfección, su presencia sigue siendo importante.
5. Reconoce la batalla. Jesús dijo: "El espíritu está dispuesto, pero el cuerpo es débil". Sabía que se estaba enfrentando a una lucha espiritual. Por eso, comprende la tentación de andar en la carne y que la única forma de pelear esa batalla es con oración y confianza en Dios.

6. Sométete a la dirección de Dios. Después de verbalizar su lucha y librar la batalla espiritual que la acompaña, vemos a Jesús someterse con las palabras: "Hágase tu voluntad". Aquí es donde podríamos decir: "Esta es tu obra, Dios. Voy a dejarte dirigir y confiaré en ti plenamente".

Poco después de expresar esa oración, fue arrestado. Su detención y su juicio señalaron el principio del fin de su experiencia humana. Su acto supremo de sumisión se encuentra en sus palabras finales, al colgar de la cruz para pagar por tus pecados y los míos. "Jesús gritó: 'Padre, ¡encomiendo mi espíritu en tus manos!'. Y con esas palabras dio su último suspiro" (Lucas 23:46, NTV).

¡Oh, cuánto debe de anhelar Dios escucharnos pronunciar estas palabras: "Padre, en tus manos encomiendo mi vida"! Él quiere que nos quitemos del camino y que lo dejemos hacer su mejor obra. Desea que soltemos el control, que nos pasemos al asiento del pasajero y que lo dejemos conducir. Quiere que aprendamos a dejar ir nuestra voluntad y sustituirla por la suya. Y, en última instancia, quiere prepararnos para el proceso de "soltar" que llega cuando nuestros hijos entran, un día, en la adultez.

Un amigo que te entiende

Tú y yo hemos recorrido un largo trecho juntas. Hemos contemplado a Jesús desde un ángulo que pocas veces se tiene en cuenta. Hemos profundizado en la Palabra de Dios, considerado la verdad y examinado nuestro corazón durante el proceso. La Biblia nos enseña que, cada vez que entremos en contacto con la verdad de Dios, seremos cambiadas de alguna manera: "Así será mi palabra que sale de mi boca; no volverá a mí vacía, sino que hará lo que yo quiero, y será prosperada en aquello para que la envié" (Isaías 55:11).

> No has elegido este libro por casualidad. Dios planeó que lo leyeras, que aprendieras más sobre quién es Él y que tu relación con Él sea cada vez más estrecha.

No has elegido este libro por casualidad. Dios planeó que lo leyeras, que aprendieras más sobre quién es Él y que tu relación con Él sea cada vez más estrecha. Anhela que conozcas el alcance de su amor, la expansión de su gracia y la amplitud de su perdón. Desea que sepas más sobre quién es Jesús para que puedas ser cada vez más como Él. Quiere que confíes en Él respecto a tus esperanzas, tus sueños y, en última instancia, en lo tocante a tu vida, reconociendo que Él solo quiere lo mejor para ti y que tiene una perspectiva celestial. Y Él quiere que compartas con tus hijos lo que has aprendido, proporcionándoles una imagen precisa del Salvador que los ama, incluso mucho más de lo que tú podrías hacerlo jamás (¿crees que esto es posible?).

Te dejo con estas palabras de Hebreos: "Por lo tanto, ya que tenemos un gran Sumo Sacerdote que entró en el cielo, Jesús el Hijo de Dios, aferrémonos a lo que creemos. Nuestro Sumo Sacerdote comprende nuestras debilidades, porque enfrentó todas y cada una de las pruebas que enfrentamos nosotros, sin embargo, él nunca pecó. Así que acerquémonos con toda confianza al trono de la gracia de nuestro Dios. Allí recibiremos su misericordia y encontraremos la gracia que nos ayudará cuando más la necesitemos" (4:14-16, NTV).

Tú y yo no solo tenemos un Salvador que murió por nosotras y un Señor que anhela guiarnos, sino también a un Amigo que nos entiende.

Guía de debate

Hearts at Home es una organización basada en la premisa de que las madres ejercen mejor su función como tal cuando no están solas. Por ello, la mayoría de nuestros recursos impresos están diseñados para su uso individual o para el estudio en grupo. Si eliges leer este libro con otras madres, los debates las ayudarán a procesar lo que leen y hallar aplicación a su propia vida.

Sean ustedes un grupo de dos o de doscientas dos, la guía de debate puede dirigir su conversación después de leer cada capítulo. Espero que les proporcione las herramientas que las oriente a un diálogo de provecho conforme el grupo vaya leyendo este libro. Si no saben por dónde empezar, les suministramos una plantilla con la que pueden trabajar. Si eres una líder experimentada, esta sección puede servirte para resaltar tus propias ideas.

Independientemente de que se reúnan en una sala de estar o en un edificio de iglesia, el aspecto más importante de juntarse consiste en edificar relaciones de forma intencionada. Observarás que cada capítulo tiene un formato coherente para el debate. Cada sección tiene un propósito en la creación de vínculos. Echemos un rápido vistazo a los cuatro elementos del debate.

Actividad preliminar

Cuando un grupo se reúne por primera vez, cada semana, resulta beneficioso empezar con una actividad distendida, dirigida a conocerse mejor. Este tiempo preliminar tiene por objeto enfocar a cada una de las participantes en el grupo, en las personas a su alrededor y en el tema que se va a tocar. Fomenta las relaciones y crea una sensación de camaradería.

No es necesario dedicar una gran cantidad de tiempo a los preliminares; 10-15 minutos bastan para unirlas a todas y pasar algún tiempo riendo y compartiendo.

Una vez que todas han tenido la oportunidad de participar en el preliminar, inicia el debate con oración. Encomienda ese tiempo al Señor y pídele que sea Él quien dirija la conversación.

Debate

Estas preguntas están diseñadas para facilitar el debate. Los mejores grupos no son aquellos que tienen al frente a una líder a la que le encanta escucharse hablar, sino más bien a alguien a quien le gusta escuchar hablar a otras. La sección "Debate" tomará, probablemente, entre 20 y 45 minutos.

Si eres tú quien dirige el debate, querrás familiarizarte antes con las preguntas. Apunta otras adicionales que puedas presentarle al grupo. Elabora una lista de elementos que necesitas llevar a la reunión. Asegúrate de orar por las mujeres de tu grupo y para que sea Dios quien guíe, mientras tú diriges el debate.

Durante el tiempo de debate en grupo, tu tarea consistirá en hacer hablar a las mujeres. Es inevitable que te encuentres con algunas que se expresan con facilidad en grupo y otras que rara vez participan. Uno de tus cometidos como líder es hacer hablar a la más callada. No temas hacerle algunas preguntas de manera específica para ayudarla a unirse al debate. Si alguien tiende a monopolizar la conversación, mantén el debate en movimiento dirigiéndote a otra persona inmediatamente cuando formules una pregunta. Si el grupo se sale del tema, vuelve a llevar el enfoque a la pregunta original que se hizo para regresar al asunto.

Aplicación

Esta sección está diseñada para la reflexión personal y el establecimiento de objetivos. Este tiempo ayuda al lector a tomar toda la información que ha obtenido y determinar la "perla" de la que se va a apropiar. Esta es la aplicación a la vida cotidiana que nos mueve a la acción. Esta parte del debate durará entre 5 y 15 minutos. Si quieres establecer un sistema de rendición de cuentas entre ustedes para realizar los cambios que Dios está subrayando mientras leen juntas, es algo que también se produce en esta sección.

Oración

Puedes elegir a una persona que ponga fin a la reunión en oración o tener un tiempo de oración en grupo. Ambas cosas funcionarán bien. La oración puede ser emocionante e intimidante, dependiendo del entendimiento y la experiencia de la persona con la oración. Si las mamás de tu grupo se sienten cómodas orando juntas, tómense algún tiempo al final de la reunión para orar sobre las cosas aprendidas. Como líder, asume la responsabilidad de cerrar el tiempo de oración cuando el grupo haya acabado de orar o cuando el reloj requiera que pongas fin a ese tiempo juntas.

Si tu grupo no se siente cómodo orando juntas, acaba tú misma en oración o pídeselo a otro miembro a quien no le incomode orar en voz alta. Ora por cualquier cosa que Dios ponga en tu corazón. Recuerda que no hay forma correcta o incorrecta de expresarte en lo que concierne a la oración: sencillamente, habla con Dios como lo harías con una amiga.

Si te sientes más cómoda, puedes hacer la oración que figura al final de cada capítulo.

Tareas y notas

En algunos de los capítulos puedes encontrar una tarea para la semana siguiente o notas que te ayuden a planificar. Te ayudarán a prepararte para el siguiente debate.

Tal vez quieras crear una cesta de estudio para guardar, específicamente, las cosas que necesitarás cada semana. Bolígrafos, marcadores, tarjetas de índice, cuaderno de notas y tu copia del libro serían lo básico y esencial. Cuando se necesiten artículos especiales para una semana específica, déjalos en el cesto ¡y estarás segura de recordarlos!

El valor fundamental de Hearts at Home consiste en proveer recursos y un programa de estudio a las mamás, a los grupos de mamás y a las líderes de grupos de mamás. Esperamos que este libro te proporcione la oportunidad de interactuar con otras madres que entiendan cómo es tu vida. ¡Ojalá vayan teniendo más amistad unas con otras y con Jesucristo a medida que exploren este libro juntas!

Introducción: No estás sola

Pídeles a las mamás que lean la introducción "No estás sola" antes de la primera reunión.

La primera vez que se reúna tu grupo será para conocerse. Después de explicar cómo operará el grupo (refrescos, guardería, hora de empezar, hora de acabar, programa, etc.), explica que cada semana se tocará un capítulo de la lectura asignada, así como la historia de la sección "Perspectiva" que precede al capítulo. El coloquio se aplicará, a continuación, a la lectura asignada e incluirá una pregunta de la "Actividad preliminar", unas cuantas de "Debate", una o dos de "Aplicación" y oración. Puedes sugerir que cada una lleve una Biblia, porque a veces pueden necesitarla, y ofrecer ayuda a quien no tenga una para que consiga su propio ejemplar.

A continuación, haz que cada mujer comparta sobre sí misma:

- Nombre, nombre del marido, cuántos años llevan casados.
- Nombre y edad de los hijos.
- Qué hace aparte de ser madre o qué hizo antes de tener a sus hijos.
- Una cosa que espera sacar de este grupo.

Anima a las madres de tu grupo a visitar la página www.HeartsatHome.org y que se registren para recibir, de forma gratuita y vía correo electrónico, el boletín informativo (solo disponible en inglés). ¡Esto mantendrá el estímulo incluso después de que el estudio de mamás, haya acabado!

Capítulo 1: Jesús sirvió

ACTIVIDAD PRELIMINAR: *Si pudieras ir a cualquier país del mundo, ¿dónde irías? ¿Por qué?*

DEBATE:

1. ¿Has pensado alguna vez en la maternidad como el "ministerio de la disponibilidad"? ¿De qué manera esto te da una nueva perspectiva de la maternidad?
2. ¿Qué te parece el concepto de hablar con Dios como un amigo? Si quieres, comparte con el grupo tus experiencias con la oración hasta este momento en tu vida.
3. ¿Encuentras difícil recibir ayuda de alguien? ¿Por qué crees que es difícil para ti permitir que esa persona te ministre?

APLICACIÓN:
Identifica una cosa que has aprendido en este capítulo y que quieres que te pase de la mente al corazón. Si quieres, compártela con el grupo.

ORACIÓN

TAREA: Haz que la semana próxima cada una traiga fotos de ellas de la época en que estaban en la escuela secundaria.

LÍDER: Trae tarjetas y marcadores para la reunión de la semana próxima.

Capítulo 2: Jesús adoró

ACTIVIDAD PRELIMINAR: *Pasen tiempo mirando las imágenes de cada una de ustedes en la escuela secundaria y conversen brevemente sobre su experiencia de aquella época. ¿Qué tres palabras describirían aquel período de su vida?*

DEBATE:

1. Comparte dos o tres cosas que pueden convertirse fácilmente en falsos dioses, a los que, sin saber, estás adorando.
2. Comparte algunas victorias que has tenido esta semana adorando a Dios con tu vida y tus actos.
3. Haz una lista de responsabilidades como madre, que sean un acto de adoración cuando se realizan con el corazón adecuado. Identifica una o dos tareas de la lista con las que luchas por llevarlas a cabo con un corazón adecuado. Comprométanse a orar unas por otras en las luchas de cada una.

APLICACIÓN:

1. ¿Qué "adicción" puedes identificar sabiendo que necesitas entregársela a Dios? (Puedes ir a las páginas 37-38 para ver ejemplos de la autora).
2. Escribe este versículo en una tarjeta y colócala en algún lugar donde la puedas ver cada día:

   "Así que, amados hermanos, ustedes que pertenecen a Dios y tienen parte con los que han sido llamados al cielo, consideren detenidamente a este Jesús a quien declaramos mensajero de Dios y Sumo Sacerdote. Pues él fue fiel a Dios, quien lo nombró, así como Moisés fue fiel cuando se le encomendó toda la casa de Dios" (Hebreos 3:1-2, NTV).

ORACIÓN

Capítulo 3: Jesús fue compasivo y tierno

ACTIVIDAD PRELIMINAR: *Cuando oyes las palabras "compasivo y tierno", ¿quién te viene a la mente? ¿Por qué?*

DEBATE:

1. ¿Existe suficiente margen (tiempo) en tu vida para permitirte ser empática? ¿Necesitas administrar tu tiempo mejor, en cierto modo, para tener el tiempo y la energía necesarios para extender empatía, bondad y compasión?
2. ¿De qué manera luchas reconociendo tus propias cosas y confesándoselas a Dios? ¿Por qué?
3. Identifica dos formas en que puedes ser deliberada respecto al cuidado de ti misma para tener la energía física y emocional de ser tierna, amable y compasiva con tus seres más queridos.

APLICACIÓN:

Estate atenta a las "citas de Dios" esta semana. Es probable que lleguen en los momentos más inoportunos, pero si te rindes a Dios, escucha atentamente y ofrece bondad; recibirás una bendición increíble en tu obediencia.

ORACIÓN

TAREA: La semana próxima compartirás algo trivial sobre ti con el grupo. Piensa en lo que puedes compartir.

LÍDER: Lleva tarjetas a la próxima reunión.

Capítulo 4: Jesús se enojaba

ACTIVIDAD PRELIMINAR: *Entrégale a cada una de las madres una tarjeta y haz que escriba algo trivial sobre sí misma. Dobla las tarjetas por la mitad y ponlas en un bol. Sácalas una por una, lee el detalle en voz alta y haz que las madres adivinen de quién es la tarjeta.*

DEBATE:

1. ¿Puedes identificar tu pasión y tu propósito como mamá? Comparte tus pensamientos con el grupo.
2. De los doce pasos que la autora ofrece en la sección "Aprende a decir 'no'", ¿con qué paso luchas más?
3. Comparte un par de "barreras de amor" que hayas puesto en tu vida. Aliéntense unas a otras en los límites saludables que cada una ha establecido.
4. En la regla inferior, sitúa un punto que represente dónde te encuentras con respecto a agradar a Dios o a las personas. ¿Estás satisfecha con ello? ¿Por qué sí o por qué no?

Agradar a Dios ⟵⟶ Agradar a las personas

APLICACIÓN:

¿En qué ámbito de tu vida te gustaría establecer más fronteras saludables?

ORACIÓN

TAREA: Si la dinámica de grupo lo permite, empareja a cada mamá con otra que le sirva de compañera de oración durante el resto del estudio. Pídele a cada una de ellas que ore esta semana por los deseos específicos de su compañera de oración, de establecer fronteras saludables en alguna parte de su vida.

Capítulo 5: Jesús se sacrificó

ACTIVIDAD PRELIMINAR: *¿Qué es lo que prefieres hacer una vez que metes a tus hijos en la cama por la noche?*

DEBATE:

1. Debate el concepto de la "generación de los derechos". ¿Cómo podemos ayudar a nuestros hijos, como madres, a centrarse en los demás en lugar de ser egoístas?
2. ¿Te resulta fácil o difícil sacrificarte? ¿Por qué?
3. ¿Qué palabra te describe mejor: mártir o madre? ¿Por qué?

APLICACIÓN:

Usando la cita de Ralph Waldo Emerson: "Los buenos modales se consiguen a base de pequeños sacrificios", presta atención a los que haces en un día. Cada vez que detectes uno, dale gracias a Dios por su ejemplo de sacrificio y por cómo el sacrificio te ayuda a morir a ti misma.

ORACIÓN

Capítulo 6: Jesús perdonó

ACTIVIDAD PRELIMINAR: *¿Qué intereses o pasatiempos tienes y realizas, o te gustaría perseguir?*

DEBATE:

1. ¿Es nuevo para ti el concepto de que el perdón es una elección? ¿Qué experiencia has vivido en cuanto a tener que elegir perdonar?

2. Cuando estás equivocada, ¿cuál es tu respuesta por defecto?

    a) Admitir tu error y pedir perdón.

    b) Enojarte y defender tus actos.

    c) Intentar echarle la culpa a otra persona.

    d) ¿Bromeas? ¡Nunca me equivoco!

3. ¿Cómo te sientes respecto a tu respuesta?

4. La autora habla de llegar a una encrucijada en el camino, en la que te enfrentas a la elección de enfadarte o elegir perdonar. Comparte con las demás esa ocasión en que te enfrentaste a la encrucijada y habla de la elección que hiciste.

APLICACIÓN:

¿Hay alguien a quien necesitas perdonar? ¿Hay alguien a quien tienes que pedir perdón? Aprovecha esta semana para limpiar cualquier desorden relacional respecto a elegir el perdón.

ORACIÓN

LÍDER: Lleva tarjetas cada semana.

Capítulo 7: Jesús enseñó

ACTIVIDAD PRELIMINAR: *¿Cuál es uno de tus recuerdos favoritos de la escuela primaria o secundaria, o de la universidad?*

DEBATE:

1. ¿Has considerado alguna vez la idea de que en el hogar debería producirse la formación espiritual? ¿Has considerado que esa era tarea de la iglesia? ¿Cómo te sientes respecto a ser la maestra espiritual principal de tu hijo?
2. ¿Tienes una parábola favorita en la Biblia? Si es así, ¿cuál es? ¿Por qué es tu favorita?
3. Piensa en un reto que estés afrontando como madre. Compártelo con el grupo y, después, debate las formas en que puedes vincular la verdad de Dios a tu forma de conducir a tus hijos por medio de este reto.

APLICACIÓN:

Juega contigo misma al juego de "verdad o mentira" esta semana. Cuando veas la televisión, leas una revista o escuches la radio, identifica si los mensajes sutiles te están contando una verdad o una mentira. Empieza a prestar atención a los mensajes que te bombardean a lo largo del día.

Escribe este versículo en una tarjeta y pégala en el espejo de tu cuarto de baño: "Debes comprometerte con todo tu ser a cumplir cada uno de estos mandatos que hoy te entrego. Repíteselos a tus hijos una y otra vez. Habla de ellos en tus conversaciones cuando estés en tu casa y cuando vayas por el camino, cuando te acuestes y cuando te levantes" (Deuteronomio 6:6-7, NTV).

ORACIÓN

LÍDER: Lleva tarjetas cada semana.

Capítulo 8: Jesús vivió confiado

ACTIVIDAD PRELIMINAR: *Si tuvieras un día entero para ti, ¿qué harías?*

DEBATE:

1. ¿Sobre qué "arenas movedizas" has intentado construir tu identidad?

2. ¿Has pensado alguna vez: *Esta no es la vida por la que yo firmé*? ¿En qué ha diferido la realidad de tus circunstancias, de los sueños que tuviste para tu vida?

3. ¿Cuándo es tu cumpleaños espiritual? ¿Cómo fue la experiencia para ti?

APLICACIÓN:

Elige tres cosas que la Biblia dice sobre ti (ver página 127) y escríbelas en una tarjeta. Ponla en algún lugar donde estés segura de verla cada día.

ORACIÓN

Capítulo 9: Jesús fue tentado

ACTIVIDAD PRELIMINAR: *Si el dinero no fuera un problema, ¿cuáles serían tus vacaciones perfectas?*

DEBATE:

1. Comparte sobre un tiempo en el que experimentaste la tentación. ¿Te resististe o te dejaste engañar por las mentiras del enemigo?

2. ¿Fuiste consciente de que Jesús experimentó la tentación? ¿Cómo te hace sentir esto respecto a Él?

3. ¿Es el concepto de guerra espiritual algo nuevo para ti? ¿Qué piensas de la guerra espiritual en tu vida personal y en la de tu familia?

APLICACIÓN:

La autora enumera varios pasos para enfrentarse a la tentación (ver páginas 146-147). Identifica qué paso necesitas seguir con mayor intensidad y pídele a tu compañera de oración que ore por ti, para que des ese paso de manera más intencional.

ORACIÓN

Capítulo 10: Jesús lloró

ACTIVIDAD PRELIMINAR: *Saca tres artículos de tu bolso y explica cómo te describen.*

DEBATE:

1. ¿Adoptas por defecto lo que la autora denomina "emociones positivas" o "emociones negativas"? ¿Cómo te sientes al respecto?
2. Comparte sobre un momento en que tus emociones no te dijeron la verdad.
3. Después de leer este capítulo, te caracterizarías como:
    a) Demasiado emocional.
    b) No lo bastante emocional.
    c) Emocionalmente equilibrada y sana.
4. Si eliges a) o b), pon ideas en común con tu grupo para aportar mayor equilibrio a tu vida emocional.

APLICACIÓN:

Responde a estas preguntas con sinceridad: ¿Uso mis emociones (de forma no verbal) para salirme con la mía? ¿Sustituyo las emociones por palabras? ¿Digo que las cosas no me molestan, cuando en realidad sí lo hacen? Habla con Dios respecto a estas respuestas esta semana y pídele que te ayude a usar tus emociones de una forma saludable.

ORACIÓN

Capítulo 11: Jesús oró

ACTIVIDAD PRELIMINAR: *¿Qué ha sido lo más valioso que has aprendido de este estudio?*

DEBATE:

1. En una escala de uno a diez, siendo uno muy incómoda y diez muy cómoda, valora tu nivel de comodidad respecto a la oración personal (orar a solas). ¿Qué me dices de orar en grupo (orar con otras personas)? ¿Es algo con lo que estás satisfecha o es un ámbito en el que te gustaría crecer?

2. La autora habla de tener "aperitivos" con Dios y también "comidas". ¿Qué término describe con mayor precisión tu vida de oración? ¿Cómo te sientes al respecto?

3. ¿Cuál es el mejor momento del día para tener tu comida con Dios?

4. ¿Has tenido alguna vez una experiencia de oración contestada? Si es así, comparte tu experiencia con el grupo.

APLICACIÓN:
¿Qué objetivo quieres establecer para ti respecto a la oración?

ORACIÓN

Capítulo 12: Jesús confió

ACTIVIDAD PRELIMINAR: *Si pudieras conocer a cualquiera de este mundo, ¿a quién te gustaría conocer? ¿Por qué?*

DEBATE:

1. ¿Qué pensaste cuando leíste la historia, al principio del capítulo, sobre cómo Dios proveyó un coche para la familia de la autora? ¿Has considerado alguna vez que Dios sigue realizando milagros hoy? ¿Por qué sí o por qué no?

2. ¿Has experimentado alguna vez tener un asiento de primera fila para ver obrar a Dios? Si es así, comparte una historia de Dios con el grupo.

3. ¿Qué retos estás afrontando hoy en los que necesites convertir el temor en fe?

APLICACIÓN:

En las páginas 202-204, la autora proporciona nueve pasos para convertir el temor en fe. Identifica dos pasos en los que te gustaría ser más intencional sobre tu propia vida. Comparte estos pasos con el grupo o con tu compañera de oración.

ORACIÓN

Capítulo 13: Jesús dejó ir cosas

ACTIVIDAD PRELIMINAR: *¿Qué te ha sorprendido de la maternidad?*

DEBATE:

1. Debate cómo entiendes las palabras "someter" y "rendir".
2. ¿Quién ocupa el asiento del conductor en tu vida? ¿Por qué?
3. ¿Qué has aprendido en este estudio? ¿De qué forma ha cambiado tu perspectiva?

APLICACIÓN:

¿Dónde crees que Dios quiere que te apartes y le dejes hacer su mejor obra? ¿Cómo te sientes al respecto?

Fija día y hora para que tu grupo haga algo divertido la semana que viene (ver una película, salir a cenar, reunirse para compartir un café y tarta, por ejemplo).

ORACIÓN

Una nota de la autora

Queridas lectoras:

Espero que este libro te haya resultado útil para encontrar aliento como mamá y para profundizar tu relación con Dios. Para un mayor estímulo, te invito a acceder a la página web de Hearts at Home y a mi blog. Me gustaría saber cómo *Mamá, no estás sola... Jesús está contigo* te ha alentado de forma personal. Escríbeme unas palabras si tienes oportunidad:

www.HeartsatHome.org
www.JillSavage.org
e-mail:jill@jillsavage.org

Contigo en el viaje,

Jill

EDITORIAL
PORTAVOZ

NUESTRA VISIÓN

Maximizar el efecto de recursos cristianos de calidad que transforman vidas.

NUESTRA MISIÓN

Desarrollar y distribuir productos de calidad —con integridad y excelencia—, desde una perspectiva bíblica y confiable, que animen a las personas a conocer y servir a Jesucristo.

NUESTROS VALORES

Nuestros valores se encuentran fundamentados en la Biblia, fuente de toda verdad para hoy y para siempre. Nosotros ponemos en práctica estas verdades bíblicas como fundamento para las decisiones, normas y productos de nuestra compañía.

Valoramos la excelencia y la calidad
Valoramos la integridad y la confianza
Valoramos el mérito y la dignidad de los individuos y las relaciones
Valoramos el servicio
Valoramos la administración de los recursos

Para más información acerca de nuestra editorial y los productos que publicamos visite nuestra página en la red: www.portavoz.com